KB097000

창조 도시란 무엇인가?

Qu'est-ce Que La Ville Créative?

By Elsa Vivant

© Presses Universitaires de France

All rights reserved.

Korean translation copyright © 2016 by Amormundi Publishing Co.

이 저서는 2014년도 정부(교육과학기술부)의 재원으로 한국연구재단의 지원을 받
아 수행된 연구임(2014S1A3A2044638)

Qu'est-ce Que La Ville Créative?

창조 도시란 무엇인가?

엘자 비방 지음 ｜ 김동윤 · 김설아 옮김

아모르문디

Contents

서론 : 창조 도시, 산업 도시의 대안인가?

지방 분권화와 후기 산업화가 진전됨에 따라, 지방의 공공 단체들은 각자의 도시 정책에 대해 다시 생각할 수밖에 없게 되었다. 사실 이러한 새로운 정책에 적극적으로 동참하는 도시들은 과거의 산업적 위기를 잘 견뎌 내지 못했던 도시들이다. 그 결과로 빚어진 실업률 증가, 자본의 유출, 옛 산업 용지의 황폐화를 극복하기 위해, 이 도시들은 내부의 경제 조직과 시가지 구성에 새로운 변화의 바람을 불어넣으려 노력하게 된다. 그리하여 작금의 경쟁적 환경 속에서 이 도시들은 그들의 영토를 다시 활기찬 곳으로 만들기 위해 기업에 대한 서비스의 질을 개선하는 노력을 하게 된다. 통신 기술의 발전과 운송비의 저하는 전 지구적 차원에서 생산 활동이 재조직화되도록 만들었고, 동시에 세계적인 몇몇 대도시에 높은 부가가치의 전략적 활동이 집중되도록 하였다. 바로 이 전략적 활동을 끌어들여 보존하는 것, 이것이 도시의 경제 정책과 시가지 재구성 정책의 주요 쟁점이다. 자본과 기업을 끌어들이기 위한 도시들 사이의 경쟁 현상은 도시 경영에 새로운 기업적 논리가 출현한 이유를 설명해 준다. 감세, (광케이블 설치를 통한) 통신망의 확장, (TGV와 항공 교통을 통한) 접근성의 개선, 그리고 기업의 요구에 부합하는 주거 지역의 발전, 이 모든 것이 거대한 도심 계획의 일환으로 만들어진, 기업과 자본의 눈길을 끌기 위한 작전의 첫 번째 단계였다. 도시들은 고부가가치 기업들의 간부들이 쇠퇴해 가는 도시에 들어와 정착하도록 하기 위해, 삶의 주변 환경을 개선하는 데에 특별한 관심을 쏟았던 것이다. 녹음이 우거진 녹색 공간과 공공 공간의 개선, 특히 문화 생활 개선에 말이다.

사회의 몇몇 계층들을 도시로 끌고 들어와야 한다는 이러한 아이디어는 리처드 플로리다(Richard Florida)와 같은 연구자들이 주장하면서 이론화되었다. 플로리다에 따르면, 경제적 발전은 그가 "창조 계급(classe créative)"이라 부르는 계급의 존재와 직접적으로 연결되어 있다. 실제로 "창조적" 일꾼들(회사 임원, 엔지니어, 기술자, 연구원)은 자신의 주거 지역을 선택할 때 창조성에 가치를 두는 도심 공간의 질, 즉 아주 자유롭고 "멋진", 편안하고 부드러운 분위기를 더 중시한다. 도시의 힘은 도시가 지닌 창조적인 면과 관계가 있고, 이러한 창조적인 측면은 도시의 문화적이고 예술적인 역동성에 의해 만들어진 것인데, 이러한 역동성만이 산업적 쇠퇴에서 야기된 투자의 중단이란 결과를 피할 수 있게 만든다는 것이다. 대도시는 항상 기발함과 창조성이 꽃피는 공간이었지만, 여태껏 이러한 특성들은 부차적인 능력으로만 여겨져 왔다. 플로리다에 따르면 현재 창조적인 들끓음은 도심으로 옮겨 가고 있으며, 나아가 도시 경제 발전의 중심적인 동력 역할을 하게 되었다.

창조 계층

"창조적 계층"이란 표현은 정확히 무엇을 의미하는가? 플로리다는 이 계층에 속하는 이들이, 관례적이고 반복적인 생산의 논리에서 벗어나, 복잡한 문제들의 해법을 찾고 새로운 해결책을 만들어 내기 위해 고용된 이들이라 설명한다. 이 계층은 활동의 창조성의 정도에 따라 두 개의 그룹으로 구분된다 할 수 있다. 첫 번째 그룹은 창조 계층의 심장으로, 창작 과정에 참여하는 전문가들을 가리킨다. 이들은 창조적이면서도 새로운 테크놀로지와 아이디어를 만들어 내는 일을 하는데, 과학자, 연구자, 기술자, 예술가, 건축가 등이 이 그룹에 속한다. 두 번째 그룹은 보통 수준 높은 서비스업에 종사하는 이들을 모아 놓은 그룹이다. 이들은 획득하기 쉽지 않은 자격증과 매우 강한 개선 능력을 바탕으로 복잡한 문제들에 대해 해결책을 제시하는 능력을 지니고 있기에 창조 계층으로 분류될 만하다. 여기에는 법조인, 금융인, 헤지펀드 매니저, 의사뿐만 아니라 분장사, 공연 기술자 등도 포함된다. 이들 모두의 활동을 살펴보면 그 주된 부가가치가 창조성이라는 공통점을 지니고 있음을 알 수 있다. '창조적'이라는 형용사가 지닌 불분명함으로 인해 우리는 매우 다양한 사회, 경제적 프로필을 지닌 여러 직종의 전문인들을 하나의 카테고리에 묶을 수가 있다. 실제로 서구 경제 자산의 약 30퍼센트를 차지하고 있는 이 창조 계층은, 디지털 분야, 경제 분야, 그리고 사회적이고 문화적 분야 등에서 그들의 힘을 발휘하면서 지배적인 계층이 되었다.(Florida, 2002)

정보와 지식이 곧 생산 도구와 원료인 신(新)경제, 소위 인지 경제 안에서 창조성은 기업과 개인, 영토에 대해 비교 우위를 점한다. 창조성은 자신감, 재능, 그리고 열린 생각과 같은 몇몇 가치를 공유하는 개인들에 의해 만들어지는 것이라 할 수 있다. 이들은 대도시의 익명성을 즐기면서 그 안에서 카페와 같은 표면적인 사회화의 공간들을 찾아다닌다. 이 계층의 일원들은 어떠한 장소가 '창조적' 특성을 지니고 있느냐 아니냐에 따라 이를 생활의 일부로 끌어들일 것인가 아닌가를 정한다. 어떤 지역에 이들이 거주하고 모여들게 된다면 고부가가치 회사들 또한 이곳에 모여들 것이고, 그 결과이 계층의 발전이 이루어지게 될 것이다. 역으로 말하면, 창조적이라 일컬어지는 기업들의 발전을 위해서 이러한 창조적 일꾼들의 취향과 요구를 충족시킬 수 있는 삶의 틀을 마련해야 한다는 의미이다.

새로운 지표들의 건설에 바탕을 둔 이론

창조적이라 일컬어지는 일꾼들, 그 존재만으로 공동체의 발전을확실히 이끌어 내는 이 일꾼들이 연구하여 내놓은 모든 서비스와쾌적함을 선사하는 창조 도시란 무엇을 보고 식별할 수 있는가? 플로리다는 이를 위해 몇몇 지표를 이용할 것을 제안하는데, 이때 각각의 지표는 창조 도시의 특징적인 성격을 나타낸다. 능력(바칼로레아 이후 4년제 교육을 받은 사람들의 수), 테크놀로지(등록된 특허의 수), 그리고 관용이 그 지표이다. 마지막 지표인 관용의 경우플로리다는 여러 지수를 통해 이를 평가할 것을 제안하는데, 첫 번째 지수는 다양성을, 두 번째는 대중 내 동성애 공동체의 비율을,세 번째 지수는 방랑 예술인의 비율을 각각 측정한 것이다.

다양성 지수(indice de la divrsité, 외국에서 출생한 사람들의 비율)는 신경제 안에서 이민 노동자가 갖는 중요성을 부각시켜 준다. 인터넷과 실리콘 밸리의 발전은 이민 노동자들에게 많은 빚을 지고 있다. 예를 들어, (구글, 야후와 같이) 상업적으로 성공한 주요 인터넷 기업들은 이민 온 기술자들에 의해 유지되었고, 실리콘 밸리 내 기업의 3분의 1에 달하는 기업들이 외국인들에 의해 세워졌다.(Saxenian, 1999) 그리하여 리처드 플로리다는 미국과 유럽 등지에서 (외국인에 대한) 비자와 노동 허가증 획득 조건이 어려워지는 현실이 창조적 경제의 발전을 막을 수 있다는 우려를 표한다.(Florida, 2005) 그는 이러한 행정과 외교상의 문제로 인해 마이크로소프트사가 자사의 R&D 센터를 시애틀에서 밴쿠버로 옮겼다고 설명한다. 가족 이민을 제한하고 (선택된) 특수 직업에 대한 노동 이민만을 허용하는 프랑스의 정책 의지 또한 분명 모순을 담고 있다. 프랑스가 영입하길 원하는 능력을 지닌 자들은 가족이 있기에 이들의 이민 계획은 개인적 차원이 아닌 가족적 차원에서 세워진다. 오늘날 인도 출신의 젊은 기술자, 뉴테크놀로지 전문가들은 이민과 정착 계획을 세울 때 가족을 데려갈 수 있는 나라를 선택한다. 실리콘 밸리는 더 이상 그들의 목적지가 아니다. 가족들이 체류증을 얻기가 너무 힘들기 때문이다. 이렇게 도시가 사람을 끌 수 있는 조건으로 이민을 내세우면서, 플로리다는 이민에 대한 법적 강화를 통해 국경선을 닫아 버리는 국가 정책과 지역 발전을 대립되는 것으로 파악한다.

　동성애 지수(indice gay)는 서로를 배우자라 밝히는 동성애자들로 구성된 가구를 계산하여 나오는 지수이다. 이는 파리의 마레 지구, 샌프란시스코의 카스트로, 또는 토론토의 처치 가(街)처럼 어떠한 지구들 내에서 이루어진 게이트리피케이션(gaytrification)에 대한 연구들에서 영감을 받은 것이다. 동성애자들은 주로 어떤 공동체가 들어서는 데 호의적인 특수한 지구들에 투자를 한다. 주거 밀집 지역의 중심부에 자리 잡고 있는 이 지구들은 눈에 쉽게 띄고 게이 공동체의 모든 일원이 쉽게 드나들 수 있는 장소라는 특징을 지니고 있다. 그리하여 이 지구들은 만남과 약속의 장소가 된다. 이 장소들은 (바 또는 만남의 공간의 출현과 같은) 상업적 조직의 발전과 주민 수의 증가라는 결과를 보여 주고 있는 만큼 젠트리피케이션(gentrification)[1]의 과정을 거쳤다고도 할 수 있다. 이 지구들에 사는 동성애자 주민들은 일반적으로 고소득 직종을 가지고 있거나, (독신 또는 아이 없는 커플이라는) 소비를 하는 데 유리한 삶의 형태를 지니고 있기에 높은 소비력을 보여 준다. 동성애자들을 창조적 개인의 상징으로 보는 입장은, 이들이 남과 다르고 남과

---

1) (역주) 낙후된 구도심의 활성화와 함께 중산층 이상의 계층이 구도심으로 이주하게 되면서, 기존의 저소득층 거주민이 밀려 나가는 현상을 말한다.

다른 방식으로 살 것이라는 편견을 달리 이용하는 것이다. 어떤 의미에서 보자면, 동성애자들은 법적인 표준과 규범을 가지고 놀며 자신의 삶과 모델을 새롭게 만들어 내는 초근대적 개인의 형상을 대표한다 할 수 있다. 이를테면, 게이 커플은 동성애자 부모를 인정하지 않는 법체계에 맞서 새로운 가족 모델, 새로운 부모 자식 관계의 모델을 만들어 내야 하는 것이다. 플로리다처럼 동성애자의 존재가 도시에 긍정적인 요소일 것이라 주장하는 것은 대담한 태도로, 이러한 주장은 정책 결정자에게 직접 이론을 소개하는 자리에서 뜨거운 관심을 받기도 한다.

방랑 예술인 지수(indice bohémien)는 전체 직업 활동을 하는 인구 중 (음악가, 무용가, 사진가, 작가 등의) 예술업에 종사하는 사람들이 차지하는 비율을 가리킨다. 이에 대해서는 뒤에서 더 자세히 다룰 것이다. 이 단계에서 중요한 것은, 이 지표들이 독창성과 독특한 행동에 대한 관용을 얼마나 잘 나타내고 있는지를 보여 주는 것이다. 사실, 이 계층의 구성원들을 특징짓기 위해 사용된 '창조적'이라는 용어의 사용은 예술가·창작자 독창성의 원칙을 행동과 카테고리 전체로까지 확장시킨 것이다. 플로리다는 관용 지수와 다양성 지수가 지역 사회로 진입하는 장벽이 얼마나 낮은지를, 지역 사회가 새로운 이들을 얼마나 쉽게 맞이하는지를 보여 준다고 말한다. 이러한 표식은 계속 유동하는 창작적 개인들이 그들의 주거지를 결정하는 데 많은 도움을 준다. 닫힌 지역 사회, 다시 말해 다양성도 없고, 동성애 집단도 "방랑적인 예술가 집단"도 없는 지역 사회는 창작적 개인을 그 안으로 끌어들일 수 없다. 왜냐하면 그들이 보기에 이러한 곳은 독창적 행위를 해 나가고, 그들의 취향에 맞는 만남을 가지며, 그들의 창작력 표현에 도움을 주는 자유와 상상력을 마음껏 펼치는 것이 자연스럽게 이루어질 수 없는 곳이기 때문이다.

수치화된 지수로 이러한 관용의 정도를 평가하게 되면서 우리는 도시의 분류에 여러 형식을 세울 수 있게 되었다. 가장 창작적인 도시, 가장 유랑의 특성이 많은 도시, 가장 하이테크적인 도시, 가장 게이 친화적인 도시, 이렇게 말이다. 이 지수들은 그 자체로서 창작성 지표(creativity index)에 포함되는데, 이 지표로 인해 도시의 분류는 한층 더 명백해진다. 이러한 서로 다른 지수들을 함께 두고 보게 되면 방랑 예술가들의 지리적 분포가 몇몇 주거지에 밀집되어 나타나고, 또한 이것이 동성애자들의 지리적 분포, 하이테크놀로지를 다루는 기업과 기술자들의 지리적 분포와 일치함을 알 수 있다. 샌디에이고, 샌프란시스코 또는 시애틀과 같은 경제적으로 제일 활발한 북미 도시들은 수많은 혁신 기업 또는 하이테크 기업들 그리고 창조 계층으로 구성된 주요 공동체들을 받아들이고 있다. 혁신적인 회사가 관심을 가지는 (엔지니어나 법조인 같은)

다른 형태의 인재들, 그 혁신 기업들을 자기 스스로가 창립하기도 하는 이 인재들은 방랑 예술인의 밀집이 만들어 내는 환경과 분위기를 매우 매력적인 것으로 여긴다. 도시의 분위기 속에 녹아 있는 관용과 열린 정신 등의 특징들은 하이테크 기업들을 지탱하는 주요 원천인 재능 있는 고학력 인재들을 그 도시 안으로 끌어당기는 주요 요소인 것이다. 이런 논리를 따르자면, 고부가가치 기업들은 창조적인 일꾼들이 모여드는 바로 그곳에 자리를 잡고 발전한다고 할 수 있다. 즉 이곳의 경제 발전은 테크놀로지, 인재, 관용이라는 세 가지 가치의 조합에 의존한다 하겠다. 창조적이면서 능력 있는 노동자들이 도시의 밀집성과 잠재적 가능성, 분위기를 결정하게 되는 것이다. 자신들의 도시를 창조적 중심지로 변화시키는 데 관심을 가지게 된 여러 시 행정관들은 리처드 플로리다에게 도움을 청했다. 이에 플로리다는 그들 도시 중심가의 한 부분, 또는 쇠퇴를 면치 못하고 있는 몇몇 구역들을 골라 멋있고 혁신을 일굴 수 있는 장소로 변화시키면서, 이를 위해 고급화된 도시의 특징적 요소들을 그 안에서 실현시킬 것을 제안했다.

논쟁적 이론

쇠퇴하는 도시에 다시금 의미를 부여하고 생기를 불어넣을 수 있다는 이 창조 계층 이론을 어떻게 평가해야 할까? 사실 창조 계층 이론은 여러 번 논쟁을 일으켰다. 실제로 지수에 대한 선택, 지수를 만들고 이에 가치를 부여하는 방법들이 문제점으로 지적되어 왔다. 먼저, 재능 지수(indice du talent)가 명확하지 않다는 지적을 받았다. 본 지수는 개인의 학력 수준에 대한 정보를 바탕으로 만들어진 것인데, 사실 "재능"이라는 용어는 소질이나 태어날 때부터 지니고 있던 자질을 가리킨다는 것이다. 또한 도시의 관용도를 평가하고 분류하는 데 사용되는 게이 지수나 방랑 예술인 지수 또한 도시 간의 높아진 차이들을 두고 볼 때 그리 적합하지 않다는 지적을 받는다. 동성애자들의 수도이면서 이 게이 지수가 2.01에 이르는 샌프란시스코를 제외하고, 미국의 (오스틴, 시애틀, 휴스턴, 워싱턴, 뉴욕, 댈러스, 애틀랜타, 덴버와 같은) 대다수 대도시들은 모두 (1.2 정도의) 비슷한 결과를 보여 주고 있다. 이렇게 판별력이 그리 높지 않은 지표들에 전적으로 기대어 하나의 이론 전체를 세우는 것이 그리 설득력 있어 보이지 않는다는 지적이 이는 것이다. 게다가 도시의 창조성을 의미하는 것으로 조사된 시민의 서로 다른 카테고리와 도시의 경제 성장 사이의 상관관계가 여기서 증명되지 않았고, 이와 함께 이러한 상관관계가 인과 관계가 된다는 주장 또한 증명되지 않았다. 실제로 다른 연구 결과들에 따르면, 이민의 움직임과 경제 성장 사이의 관계에 관해 가정된 인과 관계는 여기 이 이론에 반하는 결과를 보여 준다. 고학력자들의 유입이 경제 성장을 일으키는 것이 아니라, 반대로 활발한 지역 경제가 만들어 내는 수많은 기회들이 고학력이면서 창조적인 이민자들을 그 도시로 끌어들인다는 것이다.(Shearmur, 2005)

이와 함께 플로리다가 계층이라는 개념을 이용하는 방식을 두고 다소 단순화된 면이 없지 않다는 지적도 있다. 사회적 계층의 개념은 사회의 일원인 개개인이 공유하는 이익과 가치에 대한 사유를 바탕으로 하고, 서로 다른 계층 간의 힘의 관계의 형성에 그 근거를 두고 있다. 그런데 플로리다가 제안한 창조 계층의 정의는 계층의 개념이 포함하고 있는 각각의 구성 요소를 무시하면서, 분석의 적합성을 제한하는 모호함 안에 그 개념을 위치시키고 있다. 사실 어떠한 연구도 창조적 계층을 구성하는 다양한 카테고리를 한데 묶을 수 없다. 설령 그것이 개인의 궤적의 관점에서, 수입과 사회적 지위의 관점에서, 또는 같은 사회적 단위체에 속한다는 의식의 관점에서라 할지라도 말이다. 이렇게 부족한 점을 리처드 플로리다는 그의 개인적 경험과 성찰적 과정을 풀어놓으면서 메우려 한다. 그는 이러한 성찰적 과정을 통해 자신이 만들어 낸 그 이론 속의 창조 계층에 스스로가 속해 있음을 서서히 깨닫게 되었다고 말한다. 그리고 자기 자신이 이렇게 느지막이 깨달음에 다다랐음을 강조하면서, 정치인들로 하여금 이 계층의 중요함을 빨리 깨닫게 하는 것,

이 계층에 가치를 부여할 필요성을 깨닫게 하는 것이 매우 어려운 일임을 강조한다.

중요한 통계 도구의 동원은 이 계층의 노동에 대한 중대한 증거처럼 나타난다. 이 통계 도구가 정책 결정자들에게 위기에 처한 도시를 두고 무엇을 해야 하고 하지 말아야 하는지에 대한 결정을 빨리 내리도록 하는 데 유익하고 효과적인 논거를 제공하기 때문이다. 도시의 잠재적인 창조성을 평가하고 분류하는 데 쓰이는 통계 지수는 이들의 생각에 과학적 근거를 마련해 준다. 이러한 지수들은 설령 방법론적으로 심각한 결함을 가지고 있다 할지라도, 공공 행정가들을 설득해 도시의 잠재적 창조성을 활용하도록 하여 선택된 자들을 그 도시 속으로 끌고 올 만한 도시 계획이 실행되도록 만들 힘을 지니고 있는 것이다. 그럼에도 많은 비평가들은 플로리다가 취한 입장이 모호하다고 강조한다. 그가 그의 이러한 전개 과정을 인정받기 위해 자신의 대학 학위들을 이용하고 있다고, 또는 유명 스타 예술가들이 취할 법한 무대 연기법을 통해 상업적인 자화자찬의 태도를 취한다고 비판하는 것이다. 이러한 태도는 야심 차고 나아가 우리의 구미를 당기기까지 하는 그의 사유에 대한 신뢰를 떨어뜨릴 위험을 안고 있다. 실제로 그는 초기에 도시와 예술적 창작 사이의 관계에 대한 연구로 주목을 받았고, 약 15년 전부터는 사회학, 경제학, 정치학, 도시 공학 등의 다양한 영역에 대한 과학적 연구로 이름을 알렸다. 그의 모든 연구 작업은 도시 계획과 문화, 창조성을 연결시키는 새로운 쟁점의 현실을 강조하는 것이다.

논쟁적인 이론의 성공

도시 공학과 문화 간의 이러한 새로운 관계가 지닌 중요성을 인식하기 위해서는, 북미 각 시의 행정 사무소 인터넷 사이트에 있는 자료를 찾아보기만 하면 된다. 멤피스에서 토론토까지, 시애틀에서 샌프란시스코까지, 각 시의 시장들은 문화적 삶을 차별적인 장점으로 내세우면서 그들의 도시를 창조적인 도시로 소개하려 애쓴다. 이들의 보도 자료를 살펴보면 도시의 예술적인 면과 문화 산업적인 면이 지닌 생동감을 표현하려는 미사여구와 이에 대한 정보들이 넘쳐나는 것을 볼 수 있다. 이는 단순한 보도 이상의 것으로, 도심 발전에 대한 진정한 전략이라 할 수 있으니, 그들 도시의 인구 증가를 강하게 밀고 나가려는 정책 의지, 한마디로 젠트리피케이션에 대한 정책 의지가 반영된 것이라 할 수 있다. 지난 20년 동안 수많은 도시들이 그들의 도시 계획 안에서 공연 시설이나 문화 지구의 창설 또는 행사 개최를 통해, 아니면 새로운 예술적 실천에 대한 인정이나 자원을 통해 문화적 삶을 만들어 내면서 우리가 알고 있는 저 도시 재생을 진행시켜 왔다. 이렇듯 문화는 도시 정책의 범위 내에서 공간에 가치를 부여하는 도구로서 이용되어 왔다. 창조 도시에 대한 이러한 시각은 이 현상이 겉으로 보여 주는 모습, 즉 뻐기는 듯한 분위기를 구성해 주는 듯하다. 창조 도시란 이러한 것이리라. 경제적으로 안정되고 교양 있는 사회구성원들을 도시로 되돌아오도록 만들기 위해, 도시의 의원들이 취하는 적극적인 문화적 행동주의 말이다. 그런데 여기서 우리는 그 방식이나 목표가 잘 구상되고 잘 짜인 이 공공 정책의 진부한 이미지를 아주 깊게 파고들어야 한다. 그러지 않는다면 보다 복잡한 또 다른 현상과 쟁점들을 맞닥뜨리게 될 것이다.

'창조적'이라는 용어의 사용은 예술계 내에서의 생산 방식과 혁신 방식을 지칭하기 위해 흔히 사용된 의미들을 참조해 왔다. 창조적 개인에게 가치를 부여하는 일은 예술 작업과 예술인의 표현과 관계가 있다. 르네상스 이래로, 원근법의 발명과 함께 화가는 더 이상 현실이 아니라 현실에 대한 그 자신의 시각, 관점을 표현해 왔다. 예술가는 이제 모사가가 아니라, 단 하나뿐인 대체 불가능한 작품의 창작자가 된 것이다. 창작성이라는 것은 타고난 자질과 관계된 것이다. 자기 속에 있는 이 재능을 충족시키고 활용하기 위해 개인은 물질적 구속에 초연해져야 하니, 이를 통해 개인은 세상에 대한 자신의 시각을 내세울 수 있게 된다. 이렇게 예술가를 창작자로 표현하는 것은 문학이 예술가를 신격화하는 것과 같은 맥락에서 이해되어야 한다. 예술가의 이미지는 또한 높은 사회적 출신, 나아가 귀족 계급 출신과도 관련이 있다. 예술가라는 이미지에 가치를 부여하는 것은, 어떻게 보면 마치 귀족이 자신의 사회적 지위를 지니고 태어나듯, 그가 태어날 때부터 가지고 있던 자질에 가치를 부여하는 것이나 마찬가지다. 더군다나 19세기 초 방랑 예술가들은 몰락한 귀족 출신의 수많은 젊은이들을 그들의 일부로 맞아들였는데, 이 젊은 귀족들은 물질적 부를 거부하면서 창조적 독창성을 선호하던 자신들을 부러워하고 존경해 마지않던 부르주아 계급에 대해 그들의 우월성을 상징적인 방식으로 강하게 드러냈다.

또 다른 특권들, 즉 저작권이나 예술의 이름으로 발생한 부정행위에 대한 법적 관용과 같은 특권들이 예술가의 지위에 중요성을 더해 주기도 한다. 예술가에게 부여된 이러한 창작자의 지위에 대해 다른 직업의 종사자들이 부러움을 느끼게 되면서, 이들은 점차 이 지위를 자기 것으로 만들고자 하는 움직임을 내보이고 있다. 전시회 감독, 연극 연출가, 영화감독, 요리사, 광고인 등이 바로 그들이다. 이렇게 창조적이라는 속성이 다른 직업에까지 이전되면서 예술적이거나 창조적이라 일컬어지는 인구의 수치가 증가함을 목격할 수 있다. 도심 속의 전위성을 대표하던 보헤미안 예술가의 이미지는 이제 신화가 되었다. 예술가적 태도도 남들이 다 빼앗아 갔고, 창조적이라는 용어는 기업들이 사용하게 되었고, 예술가의 가치, 규범, 실천 그리고 제약이 사회 전체에 퍼져 버렸기 때문이다. 이러한 여러 장르의 혼합은, 대립되는 이해관계를 지닌 서로 다른 부류의 사람들을 섞어 버린 "부르주아-보헤미안"이라는 수식어가 왜 널리 수용되었는지를 설명해 준다. 현재의 논의에 따르면 '창조적'이라는 단어의 남용, 그리고 발명과 창조성, 문화라는 개념 사이의 혼란, 이 두 현상은 창조적이라 불리는 일부 행위가 지닌 모호함을 감춰 버림으로써, 이러한 사유를 중심으로 생겨난 쟁점들에 대한 이해를 어렵게 만든다.

파리의 방랑가, 예술가에 대한 신화적 이미지

19세기 들어, 예술가에 대한 낭만적인 이미지가 등장하게 된다. 독립적이고, 영감에 차 있고, 독특한 성격을 지닌 이 예술가는, 그의 재능을 발휘하면서 물질적인 것에 연연하지 않았기에 비참한 삶을 살기도 했다. 그는 예술로 먹고사는 것이 아니라, 예술을 위해 살았다. 이 예술가의 성공이란 것은 더 이상 예술 후원자들의 선의나 출자금에 의존하는 것이 아니라, 당시 예술가의 수적 증가에 대한 응답으로 출현하게 된 예술 시장의 척도에 따른 평가에 의해 결정되었다. 사회적 규범과 원칙

을 위반하는가, 위반하지 않는가가 당시 작품을 평가하는 방식이자 가치 부여의 기준이었다. 그리하여 예술가는 위험을 감수하면서까지 새로운 미학적 형식이나 예술에 대한 새로운 정의들을 제안하였다.(Moulin, 1992) 성공에 대한 불확실성은 비참한 삶으로 이어졌으니, 이러한 가난한 삶은 미덕으로 인식되기 시작하면서 예술가의 창조적 자유에 대한 담보물이 되어 버린다. 예술가가 되기를 동경하는 이들은, 그들의 직업적 소명을 실현하겠다는 의지 아래 성공에 대한 이러한 불확실한 조건들과 비참하면서도 주변적인 삶을 백분 받아들였다. 그런데 이들은 사회의 주변부에 살지만, 동시에 이와 반대되는 족파의 사람들과도 교제를 해 나갔다. 다시 말해 부유한 부르주아는 그들의 고객들이었고, 가난한 이들은 그들의 불행을 함께 나누는 친구들이었던 것이다. 이 예술가들이 몇몇 구역에 모여 가까이 붙어살게 되면서, 이러한 집단적 거주는 이들의 예술가로서의 지위에 정당성을 부여해 주는 결과를 가져왔고, 이와 함께 개인적 또는 직업적인 인맥을 만드는 데에도 도움을 주었다. 그런데 여기서 더 나아가 이런 함께 살기는 예술가의 정체성 구축에 긍정적인 요인으로 작용했던 그들의 독특하면서도 엉뚱한 이미지를 뒤집어 버리는 결과까지 가져온다.

이러한 새로운 부류의 등장은 특별한 사회적, 정치적 맥락하에서 이루어졌다. 즉 민주주의의 출현 안에서, 귀족 체제의 몰락 속에서 이루어졌던 것이다. 대혁명 이후 몰락한 귀족 계층에 속하던 많은 젊은이들은, 그들의 정치적 힘을 잃은 데 대한 반작용으로 방랑 예술인의 삶을 선택하기 시작한다. 사회적인 제약이나 관습에 구애받지 않는 예술가의 삶에 안착하는 것은, 당시 사회의 중심 세력으로 자리 잡던 부르주아 계층에 맞서 그들만의 상징적인 권력을 보전하는 하나의 방식이기도 했다. 이들은, 부르주아식 개념에 맞춰 만들어지는 행위나 삶의 방식들에 지배당하지 않은 채, 새로운 개념의 엘리트를 주창하며 자신들의 쇠락에 맞서 나갔다.(Heinich, 2005) 사실 이들의 부르주아에 대한 증오는 혁명 이후 진행된 사회적 명예와 경제적, 정치적 권력의 재분배 시기로까지 거슬러 올라간다. 역으로, 부르주아의 예술계에 대한 끌림은 상징적인 명성을 얻고자 하는 욕구의 결과라 할 수 있다. 이렇게 이 귀족층의 젊은이들은 귀족 계급의 가치가 예술계로 흘러 들어가는 데 일조하며, 예술인의 지위에 가치를 부여하는 작업에 공헌했다. 어떻게 보면 상속자로서 얻게 된 출생의 특권이 선천적으로 타고난 예술적 재능에게 자리를 내줬다 할 수 있다. 또한 물려받은 그 이름의 유명함이 자신의 이름을 알리는 데 중요한 역할을 했다고도 볼 수 있다. 이들에게 예술가로서의 명성이란 그들의 사회적 지위가 귀족화되는 것과 맞먹는 것으로, 다른 한편으론 부르주아화에 휩쓸리는 것에 대한 거부를 뜻하는 것이기도 했다.

창조 도시의 재건설을 위하여

창조 도시의 개념에 대해 어떻게 생각해야 할까? 한때의 유행에서 생긴 개념일까, 아니면 구체적 내용은 없는 표현에 불과한 것일까? 아니면, 탈공업화 현상을 걱정하면서 이 위기에서 벗어나게 해줄 요술 같은 해결책을 전파하는 모든 담론을 믿으려 하는 도시 행정가들의 마음을 사로잡기 위해 어느 능변가가 지어낸 허구인가? 창조 도시라는 것은 창조적 개인이 밀집한 장소를 말하는 것인가? 아니면 창조성이란 표현을 선호하는 사회를, 미학적인 도시 계획을, 혹은 수많은 문화 시설을 갖춘 도시를 가리키는 것인가? 현 세계화 시대에서 도시와 관계된 새로운 쟁점들을 이해하기 위해서는, 플로리다의 상업적인 어조에 가려 있는, 도시의 창조성에 대한 이러한 생각들에 주목해야 하는 것 아닐까?

현재까지 창조 도시에 대한 구상이 불러일으킨 거부감을 고려해 봤을 때, 이제 이에 대해서 아주 명확한 방식으로 다시 생각해 보아야 하지 않을까 한다. 창조 도시에 대한 구상이 지닌 첫 번째 장점은 도시에 대한 본래의 생각, 즉 도시를 자유로운 개체로 보면서 독창성의 표현, 다름과 다양성의 표출이 자유로운 곳으로 보는 예전의 생각을 다시금 현실화시켰다는 것이다. '창조 도시'란 표현은, 따라서 미국식 자유주의 정책의 일환처럼, 다시 말해 사회 도덕적인 면과 삶의 선택에 보다 많은 관용과 자유를 허용하는 자유주의 프로젝트의 일환처럼 해석될 수 있을 것이다. 창조 도시가 되면 도시 공간의 질이 높아지고, 대도시의 이미지에서 벗어날 수 있고, 그리하여 악취와 오염, 노동자 계층에 대한 속박과 같은 산업 도시의 이미지를 저 뒤로 날려 버릴 수 있다고 하는데, 그 누가 이러한 구상에 현혹되지 않을 수 있겠는가? 그렇다면 창조 계층을 끌어들이면서 원래의 거주민은 포기하자는 논리가 지닌 위험성은 숨긴 채, 도시에 대한 새로운 면들만을 제시하는 이러한 수사학적 기법에 속아 넘어가지 않기 위해서는 어떻게 해야 할까? 어떻게 하면 우리는 언제 어디서든 자유롭게 발휘되는 창조성에 가치를 부여할 수 있을까?

이 책은 창조 도시라는 개념을 좀 더 자세히 살펴보며, 그것이 정책적 도구가 될 수 있는지의 가능성을 가늠해 보는 것을 목적으로 한다. 방랑 예술인과 예술적 창작성이 창조 도시에 대한 모든 이론화 작업에서 의미적 중심 역할을 맡고 있는 만큼, 우리는 이를 현대 도시의 변동을 이끄는 중심 요소로 간주하겠다. 예술가들과 문화적 소비자들이 밀집해 있는 파리라는 대도시는 이러한 현상[2]

---

2) 프랑스 예술가들의 절반이 주요 교육 기관과 문화 보급 기관들이 자리 잡고 있는 일드프랑스에 거주한다.(그중의 대다수가 파리에 거주한다.) 파리지앵의 문화 소비는, 세대별로 문화 분야에 들어가는 지출 부문에서나, 소비되

을 관찰하기에 더할 나위 없이 좋은 곳이다. 물론 파리에 대한 관찰이 주를 이루겠으나, 다른 도시들의 예들 또한 다룰 예정이다.

1장에서는 서구 도시들 내에서 펼쳐지고 있는 예술의 현장들을 빠르게 짚고 넘어갈 것이다. 그 속에서 어떻게 대체적인 창조성이 방랑 예술에 대한 생각을 되살렸는지, 어떠한 면에서 이러한 예술 현장들이 1980년대 초반부터 몇몇 지구에 깊은 영향을 미쳐 그곳들을 변화시켰는지 등을 살펴볼 것이다. 또한 몇 개의 실제 지구를 살펴보면서 그 안의 예술적 무대와 배우들이 그 구역의 가치를 높이는 데 어떤 식으로 참여하는지를, 어떻게 예술가의 정착 현상이 창조적이라 여겨지는 직업에 종사하는 직업인들 계층의 확장으로 인한 젠트리피케이션 과정과 함께 일어나는지 또한 보여 줄 것이다. 사실 이러한 창조적 직업군의 사람들은 그들의 거주 지역을 예술가들과 공유하는 데 긍정적인 반응을 보인다. 이는 이들이 예술인들과 동일한 가치를 공유하고, 특히 직업적으로도 예술인과 동일한 구속을 받고 있기 때문이리라. 하지만 젠트리피케이션은 분명 창조 직업군 종사자들이 이러한 예술가들에게 매혹됨으로써 생긴 결과도, 그렇다고 그들 각각의 사회적 조건이 상응하면서 생긴 결과도 아니다.

는 상품 수나 외출 횟수 부문에서 프랑스 인구 전체의 평균을 훨씬 웃돈다.

지적이고 문화적인 성격의 직업에 종사하는 이들의 삶과 노동의 조건이 변화하고 있다. 이는 부분적으로는 창조적 활동 내에서 이뤄지는 생산 시스템, 특히 문화 산업 내 생산 시스템의 재조직에 근거한다 할 수 있다. 그리하여 3장에서는 도시가 가지고 있다고 추정되는 능력, 도시의 원천으로서 작용해야 하는 그 능력에 대한 질문을 이어 나갈 것이다. 이러한 원리가 몇몇 구역에 밀집되어 있는 예술과 문화 산업 분야에서는 명백한 것으로 드러난다 하지만, 창조적 활동 분야 전체를 두고 봤을 때는 어떠한가? 아이디어를 구상해 내는 직종들은 어떻게, 예술가들이 그러하듯, 어떤 구역이나 도시에서 고유의 구역을 넓혀 나갈 수 있게 되었는가? 대도시는 어떤 방식으로 창조적 생산의 원천으로 기능하게 되었는가?

마지막 4장에서는, 몇몇 도시에서 이루어지고 있는 최첨단 활동의 구역화 현상부터, 기업과 기업 직원들의 기대에 맞춰 도시 풍경을 변경해 가면서 창조성을 계획하려는 도시 계획 전략 등이 과연 타당한지에 대해 질문을 던질 것이다. 기업을 위해 예술가와 다른 "일시적인 지식업 종사자"를 끌어들이려 매력을 발산하는 도시에 높은 가치를 부여하는 일이 과연 가능한 것인가? 방랑 예술인들에 의해 발생한 젠트리피케이션, 즉 주택 고급화 과정을 모방하고 이를 보편화시키면서 고위 사회 계층을 끌어들이는 것이 가능한 일일까? 한 도시의 창조성 측정 지수라 할 수 있는, 비주류적 예술 공간이 만들어 내는 생동감과, 고소득자 주민과 관광 개발자를 위한 도심 구역의 재생으로 요약되는 국가 주도형 도시 정책 사이에 어떠한 연계성을 만들 수 있을까? 사실 이 두 개의 방식 사이에는 연계성보다는 대립성이 먼저 만들어진다 하겠다. 리처드 플로리다가 그리도 존중했던 방랑 예술가들은, 창조 계층을 도시로 끌어오기 위해 제안된 조치들로 인해 사라질 위기를 겪게 된 것이다.

이렇게 우리는, 도시를 창조성과 문화의 영향을 받는 개체로 만들려는 이 과정이 지닌 모순적인 면을 밝히면서 이 글을 마무리할 것이다. 실제로 이 창조 도시화 과정은 도시의 진정한 창조성을 책임지고 있는 주민들을 밀어내야 하는 위험을 담고 있는 만큼, 이를 위한 체계 있는 계획을 세우는 것이 어려울 수밖에 없다. 이 책은 이러한 시도가 상징적인 성공을 이뤄 내지 못했음을 보여 주려는 것이 아니라, 그 시도가 모델이 아닌 예외적인 상황이었음을 보여 주려 하는 것이다.

1장 예술적 창조성의 현장들

19세기 파리에서 탄생한 방랑 예술인들의 이미지는 오늘날까지 예술적이고 독창적 삶의 방식에 대한 기준으로 남아 있다. 베를린에서, 뉴욕 또는 샌프란시스코에서, 예술 방랑가들이 지닌 쾌락주의와 일종의 초연한 태도는 그들을 눈에 띄는 존재로 만들어 왔다. 하지만 이제 예술적 자질과 가치를 인정하는 방식이 바뀌고 있다. 그렇다면 예술적 분야와 문화적 소비가 최근에 겪어 온 진화는 예술 방랑인의 개념과 전위성의 개념을 어떤 식으로 바꾸었을까?

예술적 제안들의 쇄신

스타 시스템, 문화의 상품화, 문화적 지원 시스템을 통한 예술 평가의 제도화 등은 예술 창작 분야가 겪는 변화 중 일부분일 뿐이다. 이와 함께 독창적이고 대안적인 경험을 바탕으로 만들어진 예술적 현장들이 점점 더 늘어나고, 이를 통한 예술의 새로운 형태들에 대한 제안이 나타나면서, 예술 산업을 위한 제도적 공간들이 이에 재투자의 손길을 내밀기도 한다. 즉 힙합, 슬램, 현대적 서커스, 길거리 공연, 전자 음악, 테크노 파티, 예술가들의 무단 거주, 얼터너티브 록, 일본 만화 등이 바로 그 대상이다. 이러한 예술적 행위, 즉 비주류적인 행위들은 제도권 문화 기관들이 고려하는 대상이 아니라는 것, 그리고 문화 시장에서 뚜렷한 자리를 잡지 못하고 있다는 것 등의 공통점을 지니고 있다. 이러한 예술적 실천들은 불안한 작업 환경과 삶 속에서 작품 활동을 하는 예술가들이 내보이는 행위이다. 하지만 이들이 갖는 주변성에도 불구하고, 어찌 되었든 이들의 행위는 예술적 행위에 속한다. 이들이 예술적, 사회적, 정치적인 대안성을 제안하고 있는 만큼, 예술 산업의 인/오프(in/off) 시스템 안에 포함되어 있는 것이다. 이들의 예술적 시도는, '인'이 '오프'에서 끊임없이 영감을 구하고 그 속에서 새로운 인재를 찾아 다니는 만큼, 정당화와 인정의 공간인 이 '인(in)'에 대한 대안이라 할 수 있을 것이다.

그리하여 아주 오랫동안 건물과 지하철 열차 위에 무식하게 그려진 낙서처럼 여겨졌던 그래피티(graffiti)는 이제, 그래피티 작가가 이를 교각 기둥이라든가 지붕과 같은 예상할 수 없는 곳에 남길 경우 훌륭한 예술 작품으로 인정받게 되었다. 무단 거주 건물 벽에 그려진 그래피티는 불법 점거의 상징으로, 정치적 표현의 한 양식이 되었다. 도시에서 태어난 그래피티가 하나의 예술적 여정을 만들어 낸 것이다. 뉴욕의 와일드 스타일(wild style)이 출현한 이후, 그래피티의 미적인 형태와 선택은 다양해졌다. 그 후 이를 진정한 도시 벽화라 보는 그래피티 전문 잡지의 출현과 고급 예술 서적의 출간과 함께 그래피티는 '인(in)'으로 진입하게 된다. 뒤이어 그래피티가 갤러리에 전시되고 예술 작품으로 인정받게 되면서, 이 예술 행위는 드디어 정식으로 예술계의 '인'의 한 자리를 차지하게 되었다. 2009년 봄에 있었던 〈그랑 팔레에서의 태그(TAG au Grand Palais)〉 전시회가 바로 이러한 비주류적 예술적 행위에 대한 제도권의 인정을 보여 주는 적절한 예라 할 수 있다. 그런데 몇몇 그래피티 작가들은 이러한 제도권의 간섭에 반대하고 나선다. 이들은 그들의 행위가 전복적인 특징을 지니고 있음을 주장하며, 그 일환으로 전시회 오프닝이나 상파울루 현대 예술 비엔날레와 같은 예술계 '인'의 공간들에 침입해 그래피티를 남기기도 했다. 다시 말해

'오프'가 '인'과 가까워지자 이 '오프'에 대한 또 다른 '오프'가 출현해 다른 예술적 제안과 대안을 제시한 것이다.

'오프'의 대가 : 절충된 행위와 혼합된 창작

예술계에서의 오프 활동이 왜 중요한지는 문화적 실천의 발전 상황, 예술 산업 시스템의 경제적 논리, 창작자의 작업 등을 살펴봤을 때 쉽게 이해할 수 있다. 문화적 민주주의 정책이 그 목적을 달성하지 못했다고는 하나, 시민들의 문화 활동에 대한 요구는 끊임없이 늘고 있고, 대형 문화 시설을 찾는 방문객의 수 또한 폭발적으로 증가하고 있으며(한 해 8백만 명 이상이 루브르 박물관을 방문한다), 문화적 행위 또한 매우 다양한 방식으로 행해지고 있다. 이러한 진화는 문화에 대한 접근이 대중화되었음을 보여 주는 것으로, 교육 수준이 일반적으로 상승하고 문화를 소비하는 사회 직종별 카테고리 수가 크게 증가함으로써 생긴 결과라 할 수 있다. 이새로운 중상류 계층들은 사회적 또는 지리적으로 유동적인 계층으로, 이들의 유동성은 곧 문화적 취향과 실천의 다양화로 이어지면서 이전의 문화적 위계질서를 뒤흔드는 결과를 가져왔다. 이러한 강력한 문화 소비 계층은 사실 전체 인구의 미세한 부분을 차지하긴 하나, 문화적 삶에는 큰 영향력을 행사한다. 이들은 절충주의적 방식으로 문화적 실천을 행하므로, 대중적이니 부르주아적이니 하며 문화 사이에 차별을 두던 예전의 방식을 지양하면서 모든 종류의 공연과 문화적 행사에 관심을 갖고 참여한다.(Donnat, 1994) 이들은 (문화 사이의) 상징적인 경계를 자유자재로 넘나들 뿐 아니라, 공연에 참석하기 위해 이곳저곳을 지리적 경계 없이 마음껏 돌아다닌다. 이들은 문화와 예술에 대한 아주 많은 지식을 지니고 있고, 문화라는 것을 보다 넓은 개념으로 이해하고 있다. 유행에 민감하고, 도시적 인간인 이 개인들은 여러 사회망과 연결되어 문화 안내인처럼 행동한다. 이들은 '오프' 예술 현장들을 일반적인 예술 활동의 일부로 이해한다. 예를 들어, 대학을 갓 졸업한 파리의 젊은이는 자발적으로 (생투앙 지역의) 맹되브르 문화 공간의 콘서트에도 가고, (이브리에 있는) 발드마른 현대 미술관의 전시회도 가고, 코메디 프랑세즈의 연극 공연에도 가며, 미루아트리 무단 거주지의 오픈 데이에도 참석하면서, 주말에는 아마추어 연극 극단에 가서 도움을 주기도 하는 것이다.

문화 소비자들의 취향과 실천이 다양화되면서, 예술 산업 시스템은 문화 시장의 주요 부분을 장악하는 몇몇 대기업과 제도권 기관들을 중심으로 정비되었는데, 그 안에서 소규모의 독립 기획사들은 틈새시장을 파고들며 인재를 찾아내는 역할을 수행하게 된다. 그러는 사이 여러 분야의 예술적 창작성이 서로 섞여 갔고, 그 과정에서 이들의 이전 위계질서와의 관계는 끊어지게 된다. 예술 장르들의 혼종과 다영역성에 대한 관심의 급증으로 인해 (문화적) 장르들과 관객들의 교배 또한 이루어지게 되었다. 예를 들어 월드 뮤직의 보급은 이민과 정보의 유통이 만들어 낸 결과로, 바로 이 두 요인이 원조국의 문화, 수용국의 문화, 그리고 이민자들의 문화 사이의 혼종과 교배를 만들어 낸 것이다. 1980년대에 진행된 하위문화의 제도화와 함께 소수이면서 주변적이었던 문화적 행위와 예술 산업, 즉 만화나 노래, 힙합 등은 문화의 일부분으로 인정받게 되었다. 그러면서 이는 상징적인 경계가 스러져 버린, 열린 문화의 도래를 예고했다. 대항문화에 속하던 문화 장르들은, 당시 세대의 강한 호응을 얻던 정당성 부여 운동을 통해 비밀스러운 활동에서 제도권의 인정을 수용하는 쪽으로 방향을 바꾸게 되었다. 예전의 재즈와 록, 그리고 오늘날의 테크노 음악, 이 모두 반순응주의와 자유의 상징을 거쳐 제도화로 건너오면서 그 지위가 달라지는 일을 겪게 되었다. 이러한 대안성과 제도성 사이의 상호 작용 과정은 두 개의 예술 분야에서 관찰된다. 현대적 서커스와 얼터너티브 록이 바로 그 두 분야이다.

현대적 서커스 : 혼종 예술 산업

현대적 서커스의 출현은 문화적 지위를 부여받지 못하던 주변 문화가 문화 활동의 다양화, 문화적 실천의 미화 작업, 장르의 혼종과 대중의 교육 수준 상승을 통해 제도권의 인정을 받게 되면서 얻게 된 결과이다. 1970년대까지 서커스는 문화부가 아닌 농업부의 관리 아래 놓였던 분야였다. 공연에 이용되는 동물들로 인해 서커스 분야는 농업부의 위생 검열을 거치며 그 행정 부서의 법규를 따라야 했던 것이다. 1980년대의 전환기에 들어 문화 분야의 몇몇 선구자들이 새로운 장르의 공연을 제안하고 나섰다. 서커스의 테크닉과 현대 무용과 같은 타 장르의 예술들을 혼합하는 시도를 선보이고자 했던 것이다. 예를 들어, 아르카오스 극단의 첫 공연은 강한 데시벨과 오토바이가 내뿜는 자욱한 연기로 난해한 분위기를 연출해 관중들을 어리둥절하게 만들었다. 이들은 외줄 타기 공연의 줄을 사슬로 바꾸는가 하면, 공 던지기 공연에서는 공 대신 절단기를 던지고 받는 묘기를 선보였다. 이러한 새로운 서커스 공연을 통해 기술적인 발전이 이루어졌고, 이는 서커스 공연만의 미학을 구축하는 데 이용되었다.

차츰 국가가 서커스 공연이 갖는 예술적이고 창조적인 측면을 인지하기 시작하였고, 그리하여 이를 곧 문화 정책의 대상으로 지정하게 된다. 1980년대 말 국립서커스예술센터의 설립은 바로 현대적 서커스 또는 창조적 서커스의 공식적인 탄생을 뜻하는 것이었다. 이후 몇몇 지방 공공 단체들은 자체적으로 서커스부를 만들고 서커스 수용 인정서를 받아들여, 서커스의 창작, 공연 기획, 보급을 지원하는 활동을 벌이기 시작한다. 서커스 기술을 가르치는 학교나 공간이 새롭게 만들어지면서 서커스 분야의 예술가나 극단의 수가 증가하게 되었고, 이들은 광대나 곡마사의 이미지와는 거리가 먼, 보다 다양한 성격의 공연들을 선보이게 되었다. 오늘날 프랑스의 현대적 서커스 공연은 단연 세계 최고의 화려함과 풍부한 볼거리를 제공하는 공연으로, 몇몇 프랑스 출신 예술가들은 세계적인 명성을 자랑하고 있다. 프랑스의 서커스 공연 극단들 중 몇몇은 공공 기관의 문화 사업에 대한 지원을 받고 있고, 나머지 다른 극단들은 여름 바캉스 기간을 이용해 여러 축제에 참여하면서 창작 활동을 유지하고 있다. 공연 아티스트들의 교육과 훈련 시간, 창작과 공연 연습 시간 등에 대해서는 간헐적 직업 종사자들의 생활 보장 시스템을 통한 재정적 지원이 이루어지고 있다.

공연 사업의 발전은 관객의 지원과 발전을 통해 완성된다. 서커스는 프랑스에서 가장 대중적이고 프랑스인들이 가장 좋아하는 문화 공연이지만(Donnat, 1994), 현대적 서커스의 관객은 매우 독특한 프로필을 가지고 있다. 빌레트 공원의 천막 공연장을 찾은 관객들을 조사한 결과, 대다수는 여성으로(관객의 4분의 3이 여성) 젊은 층에 속하고(관객의 반이 35세 이하), 대학 교육을 받은 이들이었으며(관객의 3분의 2가 3년의 대학 교육을 받음), 관객의 3분의 2가 지식업이나 고위 직업, 또는 예술 분야의 직업을 가지고 있었다.(Lévy, 2001) 다시 말해 이 관객들은 인과 오프의 현장을 오가는, 문화적으로 '유행에 민감한' 이들이라 할 수 있는 것이다.

얼터너티브 록 : 끊임없이 새로워지는 공연 현장

프랑스 얼터너티브 록의 경우, 그 안의 예술적 또는 정치적 결의, 활동하는 이들의 변화, 또 도시적 문화로서의 성격 등으로 인해 발생한 인과 오프 사이의 결합에 대한 쟁점들을 또 다른 차원에서 보여 준다. 1980년대 초 펑크의 영향을 받아 일어난 이 음악 운동은 점차 여러 음악 장르, 문화 장르의 혼종으로 발전해 갔다. 마노 네그라(Mano Negra)와 레 네그레스 베르트(Les Négresses vertes)와 같은 그룹들이 출현해 그들의 음악에 세계 음악의 형식과 문화를 혼합해 가며 '록 월드 퓨전' 장르를 만들었고, 뒤이어 수많은 예술가들이 이 장르의 음악에 몰두했다. 축제적인 성격의 얼터너티브 록 콘서트는 광대나 무용가 등 다른 성격의 예술가들을 무대에 초대하거나 관객과 가수가 같이 어울리기도 하는데, 이럴 경우 일종의 난동으로 이어지기도 한다. 무정부주의적이거나 자치적인 성격이 강한 이 장르의 음악인들은 그들의 노래에 정치색이 매우 강한 주제를 담는다. 반파시즘, 반제국주의, 감옥의 구금과 정신 병원의 감금 환경에 대한 폭로, 사회적 구속에 대한 반대, 사회 운동에 대한 지지 등이 그들 노래의 주제이다. 스스로 만들거나 독립적인 프로덕션이 만든 이들의 음반은 자체적인 유통 과정을 통해, 또는 콘서트 이후 바 등에서 배포된다. 파리에서 유명해진, 오프의 성격이 매우 짙은 몇몇 그룹의 성공은 사실 1981년에 만들어진 독립 라디오들 덕분에 가능했던 것이라 할 수 있다. 이 라디오들 덕분에 이 그룹들은 상업적인 음악 유통 시스템 밖에서도 성공할 수 있었던 것이다.

1980년대 말, 이 얼터너티브 록 운동은 결정적인 전환의 시기를 맞게 된다. 대중적인 성공과 함께 몇몇 유명 그룹들이 독립 프로덕션을 떠나 대형 음반사와 계약을 맺었던 것이다. 하지만 이 유명 그룹들 중에는 상업 음반사의 유혹을 떨쳐 내기 위해 자체적으로 해체한 그룹들도 있었다. 부슈리 프로덕션(Boucherie Production)과 같은 몇몇 독립 음반사들은 대형 음반사와의 경쟁에 대항하기 위해 음반의 전문화를 선택했지만, 다른 음반사들은 대형사들에 흡수되거나 사라져 버렸다. 현재 얼터너티브 록의 계승자들은 매우 활발한 활동을 벌이고 있고, 대부분이 자체 음반 제작 시스템을 가지고 있다. 레 오그르 바르백(Les Ogres Barback)의 경우, 그들 소유의 음반사인 이르판(Irfan)을 만들어 자신들과 동료 그룹들의 음반을 제작해 보급하고 있다. 예전 세대의 몇몇 음악인들은 지속적인 사랑을 받으며 그들의 음악 활동을 계속 이어간다. 뤼드빅 본 88(Ludvig von 88)의 멤버였던 세르장 가르시아(Sergent Garcia)와 마노 네그라의 뮤지션들이 하나가 되어 P18을 만들었고, 레 테트 레드(Les Têtes raides)는 20년 전에 선택한 예술적 색깔과 정치적 방향을 한결같이 지켜 나간다. 마노 네그라의 옛 리더였던 마누 차오(Manu Chao)는 반세계화 운동과 관련된 세계적인 스타가 되었다. 바마코에서 부에노스아이레스까지, 방콕에서 과야킬에까지 퍼진 마누 차오의 음악은 그가 예전에 벨빌의 예술인 무단 거주지에서 불렀던 초기의 음악들을 떠올리게 한다. 실제로 음악과 정치, 사회 변화를 엮어 보자는 의지 아래, 이 분야의 많은 예술가들은 벨빌의 무정부주의적 무단 거주지, 즉 스쿼트(squat)에서 거주하며 연습하고 공연을 벌였다. 파리의 동쪽에 위치한 벨빌의 스쿼트는 1980년대 파리의 오프 문화의 집합지로, 이후 벨빌의 구획 정리 과정에서 사라졌다.

아티스트들의 스쿼트, 오프 문화 장소의 전형

이들 오프 문화의 아티스트들은 도심에서 방치된 공간, 즉 스쿼트와 같은 공간에 정착해 생활을 한다. 때로는 불법적으로 말이다. 베를린에서 생투앙에 이르기까지, 마르세유에서 브뤼셀에 이르기까지, 이러한 오프 문화의 공간들은 도시 내의 문화적 풍경을 재구성해 놓았다. 오프 문화의 활동가와 예술가들은 버려진 도심의 공간, 비어 있는 땅, 폐쇄된 창고, 공단 등을 차지하면서, 그 사회와 도시 속 예술가들의 존재를 새로운 형식으로 표현하기 시작했다. 여기의 문화적 참여자들은 문화 민주주의가 말하는 엘리트적 콘셉트나 기관들이 주도하는 소비자 운동류의 활동을 따르지 않는다. 이들은 적은 소득에 적합한 장소를 찾아다니면서, 비어 있는 공간을 찾아 정착하면서, 바로 거기에서 새로운 예술적이고 문화적인 제안들, 때로는 그들의 주변성와 관계된 문화적 제안들을 구상해 낸다. 일상의 또는 쓰이지 않는 공간을 점유하면서, 오프 예술가들은 이 공간들에 가치를 더해 주고, 결국 그곳을 예술적이고 문화적인 공간으로 변모시킨다. 이 공간의 예술적인 활용과 일시적 사용은 도시 거주자들에게 색다른 경험을 선사하면서 이 공간이 새로운 사회적 표현의 글쓰기가 될 수 있음을 보여 준다.

이러한 예술적인 장소는 제도권의 네트워크에 대해 대체적이고 보완적인 역할을 할 수 있는 문화·예술적 네트워크를 조성한다. 이 공간은 공공 또는 민간 예술 산업의 일반적 유통 구조에서 지원을 받지 못하거나 그 지원을 원치 않는 예술가들에게 창작과 유통의 기회를 제공한다. 이 장소들은 또한 창작 공간이 넓고 공간 변형이 가능한 만큼 실험적 예술도 가능케 한다. 이러한 공간은 예술가들이 색다른 장비들을 갖춰 가며 다른 방식으로 작업을 할 수 있는 기회를 주기도 한다. 비영리 라디오의 설립, 동호인지(紙) 발간, 아마추어를 위한 아틀리에 개설 등은 예전의 예술 산업과 문화소비 장소가 지닌 전통적 개념과는 완전히 다른, 새로운 문화 활동의 틀이 마련되게 해 준다. 색다른 삶의 방식을 시험해 보고자 하는 욕구는 이러한 장소 설립의 주된 동기 중 하나이다. 이곳에서는 공동체적 조직, 자주적 관리, 자급자족, 환경 보호와 채식주의의 신념 등이 대안적인 사회·정치적 계획의 요소로 작용하면서 오프 예술 계획과 결합한다.(Raffin, 2002 ; Lextrait, 2002 ; TransEuropHalles, 2001) 이 공간들은 물론, 예술가의 전문화를 추진하면서 문화 또한 관리되어야 한다는 정부의 문화 정책적 시각과는 아무런 관련이 없다. 이 장소는 '전문 예술인'이라는 제도적 기준과 속박에 찬성하지 않는 이들을 받아들이는 것이다.

그런데 이러한 오프 문화 공간의 출현은 주변 거주민들에게 많은 문제를 일으킨다. 이들은 소음, 지저분한 환경, 그래피티, 군중들의 소란, 마약 거래와 같은 많은 문제점들에 대해 비난한다. 오프 예술가들의 도심 거주에 대해 일부 시민들은 사회 질서를 위협하고, 올바른 취향 기르기를 방해하며, 개인 소유권을 침해한다고 비판한다.[3] 그럼에도 이들은 도심을 재정복한 개척자들로, 도시 내에서 창조적인 역할을 톡톡히 수행하는 개척자들로 인정받는다. 그 지역의 삶을 살고 그 안에서 활동함으로써 이 예술가들은 그들이 사는 지역, 즉 일상적인 삶의 공간이자 작업 공간, 전시 공간, 공연장, 카페가 되는 이곳의 질을 높이는 데 여러 방법으로 참여하고 있는 것이다. 많은 전문가들은 이러한 (예술가들에 의한) 상징적인 재가치화 과정이, 예술가들이 살고 있는 지구의 고급화가 시작되자마자 바로 경제적 재가치화로 이어질 것이라 전망한다.

---

3) 1980년대 벨빌의 아티스트 스쿼트 주변에 사는 한 주민이 스쿼트에 사는 예술가와의 만남을 다음과 같이 묘사했다. "어제 내가 머리부터 발끝까지 사슬로 뒤덮인 머리 짧은 사람과 이야기를 했답니다. 내가 물었죠, 당신이 그리는 것이 뭘 표현하느냐고, 그게 뜻하는 바가 뭐냐고. 그랬더니 초점 없는 눈을 하고서는 어깨를 으쓱하면서, 나도 몰라요, 그냥 그림이에요, 이렇게 말합디다."(Brantôme, 2004, p.30)

2장 젠트리피케이션 현상 속 예술가의 초상

오래된 인구 밀집 지역 또는 황폐화된 공업 지구의 회복 과정을 살펴보면, 그 출발선상에는 흔히 예술가들이 자리 잡고 있음을 알 수 있다. 여기에서 우리는 예술가들을 이러한 현상을 일으키는 요인으로 봐야 할까 아니면 단지 어떠한 경향을 보여 주는 대표적 집단으로 봐야 할까란 질문을 던지게 된다. 이 두 개의 가정이 서로 양립할 수 없는 것은 아니다. 그래서 우리는 어떻게 오프 예술가들이 어떠한 지구의 가치 회복 과정, 결국에는 젠트리피케이션으로 이어질 이 회복 과정에서 견인차 역할을 할 수 있는지를 살펴보려 한다. 여기서 말하는 젠트리피케이션이란 오프 예술가들과 매우 가까운 대중들, 즉 소득의 약화와 같은 동일한 종류의 제약이나 처분을 함께 겪는 대중들에 의해 일어난 것임을 기억하자.

장소의 상징적인 가치 회복

예술가들은 거주지와 집의 전면을 고치고, 개축하고 꾸미면서 건물의 상태를 개선시키고 도시의 풍광을 아름답게 만든다. 세계 여러 도시에서 예술가들은 오래전부터 황폐화된 채 남아 있던 땅을 그들의 아틀리에와 거주지로 바꾸면서, 도시가 지닌 산업적 풍경을 로프트 풍경(주킨은 이를 두고 로프트스페이스(loftspace)라 불렀다. Sharon Zukin, 1982)으로 탈바꿈시켰다. 후기 산업적 도시의 미학적 요소라 할 수 있는 로프트(loft)[4]는 예술계와의 밀접함을 상징하는 동시에, 방 사이의 경계, 거주 활동의 경계를 없앤 새로운 주거 모델을 출현시켰다. 로프트는 이렇듯 예술적인 기준과 객관적인 거주의 편안함을 결합해 놓은 곳이다. 이러한 건물의 개축은 탈공업화의 부정적인 의미를 뒤바꿔 버렸다. 공장 단지는 이제 중산 계층이 더 나은 삶을 위해 피해야 할 대상이 아니다. 노동의 장소이자 고통의 장소였던 이곳이 추억과 역사의 장소가 된 것이다.

---

4) (역주) 옛 공장 등 산업 시설을 개조한 공간을 말한다.

공장과 아틀리에는 이제 예술가들이 순화하고 미적으로 승화시킨 장소가 되었다.

어떠한 사물에 부여된 의미의 변동 과정과 이에 뒤따르는 가치의 변동 과정, 바로 이러한 것을 만들어 낼 수 있기를 마르셀 뒤샹(Marcel Duchamp) 같은 예술가들은 그토록 바랐다. 실제로 뒤샹은 사회 전체에 아무런 가치도 없이 보이는 것을 다루며 그것에 새로운 상징적 가치를 부여하고자 노력했다. 가장 유명한 예로 남자용 소변기를 '레디메이드(ready made)'로 바꿔 버린 그의 전시를 들 수 있을 것이다. 일상의 물건을 가져다 미적 가치와 새로운 상징적 가치를 부여하면서 예술 작품으로 변형시키는 것, 바로 이러한 기호학적 전환을 담고 있는 예술적 활동이 도심의 황폐화된 장소를 회복시키는 작업의 원천인 것이다. 예술가들의 작업 이후 갤러리스트들과 작품 수집가들이 몰려오고, 이들은 무엇이 되었든 간에 예술 작품이 되어 버린 물건들에 대해 상품적 가치를 매기기 시작한다. 이와 같은 상징적, 경제적 지위의 변화가 공간에서도 똑같이 발생하고 있다. 다시 말해 그 공간이 예술가의 작업 공간이든 일상 공간이든 간에, 예전에는 별 볼 일 없이 여겨지던 구역이 이젠 주목을 끄는 유행의 장소가 되어 버린 것이다.(Ley, 2003) 재정적인 제약 속에서, 그들의 독특함을 거주지 선택을 통해 발전시키고자 했던 예술가들은 어떠한 구역이 지닌 단점을 장점으로 바꿔 놓기도 한다. 뉴욕의 로어이스트사이드의 경우, 펑크족이나 폭주족 같은 몇몇 사회적 집단을 대표하던 빈곤함과 비주류성이 트래시 (trash) 미학으로 변모하였고, 곧이어 주류 문화에 흡수된다. 마돈나의 초기 뮤직 비디오가 보여 주는 스타일들이 바로 이 트래시 스타일이다. (영화인이나 작가와 같은) 이 예술가들은 상징적 생산의 장에서의 자신들의 위치로 인해, 그들이 사는 구역을 홍보하는 중개인 역할을 하기도 한다. 자신의 거주 지역을 작품의 배경으로 이용하는 것이다. 이들은 작품 속에 자기 거주 구역에 대한 개인적 시각을 노출시키며, 이 장소에 대한 이미지 구축 작업에 참여한다. 이들은 소설 『각자 자신의 고양이를 좇는다』에서 1990년대 초반 바스티유 지역의 젠트리피케이션 과정을 보여 준 세드리크 클라피슈(Cédric Klapisch)처럼, 현재 진행되는 변화의 과정을 이야기하는 것이다. 또한 이 예술가들은 그들의 거주 지역에 대해 신화적인 시각을 만들어 내기도 한다. 다니엘 페나크(Daniel Pennac)가 벨빌의 말로센 가족에 관한 이야기 속에서 보여 주었듯이 말이다. 그러면서 이들은 예술가의 일상을, 또는 19세기 파리와 1970년대 소호에서의 보헤미안 예술가의 삶을 연극 무대에 올리기도 한다.

보헤미안풍의 바, 그 지역 출신의 디자이너 부티크, 아트 갤러리와 서점 등의 출현은 그 지역의 상업적 활동에 활기를 불어넣으면서 그 장소를 안전한 지역으로 만들기도 한다. 런던의 이스트엔드 지역의 경우, 이름 없는 몇 명의 디자이너들이 매주 일요일 비공식적인 방식으로 그들의 물건을 선보이기 시작했고, 여기서 시작된 스피탈필즈 시장과 쇼어디치 시장은 점차 최신 유행의 쇼핑 장소로 거듭나게 되었다. 이렇게 매주 세계 여러 나라에서 몰려온 군중들로 인해 혹스턴은 쇠퇴한 구역에서 창조적인 장소로 변하게 되었다. 리바이스와 같은 대형 간판을 단 회사 상점의 입주는 이 구역이 소비적인 도시 풍경의 한 부분이 되었음을 의미한다 하겠다.

잦은 행사와 저녁 파티, 공연 등으로 인해 이러한 구역들이 보다 안전한 곳으로 바뀌기도 했다. 이와 같은 행사들이 불러들인 군중은 소란스러움 등의 불편함보다 많은 이익을 가져다주었다. 파리 19구 중심에 있는 스탈린그라드의 경우, 이 피폐한 구역 내 버려진 철도 공단에 현대 서커스 극단들이 들어서면서 그 구역에 거주하지 않는 많은 시민들이 스탈린그라드 지역을 드나들기 시작했다. 서커스 공연이 없었더라면, 마약 문제로 이미 어두운 이미지를 지니고 있었던 이 구역에 드나들려는 사람들은 많지 않았을 것이다. 공터에서 시적인 놀이터로 바뀐 공간, 이곳에서 벌어지는 공연을 보러 가는 것은 기억과 상상력을 자극하는 진정한 도시적 경험이라 할 수 있을 것이다. 야외 카페에 걸려 있는 형형색색의 화환과 초롱들이 만들어 내는 축제 분위기, 사크레쾨르 성당 위에 떨어지는 노을을 배경으로 벌어지는 공중 곡예사의 공연, 그리고 반대편의 동역을 떠나는 기차의 창들이 반사하는 노을빛 등등, 이 모든 것이 버려진 건물들과 스쿼트 사이를 걸으며 가졌던 불안한 마음과 생각을 싹 지워 버리는 것이다. 서커스 공연만큼이나 관객들이 몸소 경험하는 이러한 도시 속 체험들이 이 장소의 이미지를 바꾸는 데 일조했다 하겠다. 다녀서는 안 될 위험한 장소에서 마법의 장소, 자유와 모험을 누릴 수 있는 도시 속 마지막 공간으로 바뀌는 데 말이다. 여기에서 예술가는 사회를 안정시키는 안전 요원이자 중개 역할을 하는 요원으로, 그 지역의 여러 사회적 실천들이 함께 이루어지도록 하는, 그리고 서로 매우 다른 카테고리의 시민들이 함께 어울리게 하는 역할을 수행한다 하겠다.

또 다른 예를 들어 보자. 파리에서 오픈 아틀리에 방식으로 매년 봄의 주말마다 열리는 전시회 활동은 예술가와 그의 작품 그리고 대중이 서로 만날 수 있는 기회를 제공한다. 아니, 여기서는 대중들이라고 부르는 편이 나을 것이다. 이들은 앞으로 투자할 새로운 예술가들을 찾으러 온 예술계 사람들, 예술가 이웃들의 작업을 보러 오면서 자신의 거주 지역의 활성화에 참여하는 지역 주민들, 그리고 이 행사를 빌미로 예술가들이 만들어 내는 특별한 매력이 깃든 이 새로운 장소와 주변 지역을 탐방하러 온 방문객 등 여러 성격의 대중들로 나뉠 수 있기 때문이다. 그런데 사실 이 행사는 예술가들의 작업을 알리는 역할을 한다기보다는 도시에 대한 재발견의 기회로 여겨지고 있다. 실제로 벨빌에서 열리는 오픈 아틀리에에 가서 사람들의 대화에 귀를 기울여 보면, 작품에 대한 평보다는 장소에 관한 평, 그동안 모르고 있었던 도시 풍경 속의 은밀한 매력에 대한 평을 더 많이 들을 수 있다.

뉴올리언스 주변의 예술가들

한 도시나 구역의 재건축 과정에서 나타나는 예술가들의 앙가주망은 때로는 시민적 행위이자 정치적 행위이다. 어떻게 보면 뉴올리언스의 재탄생은, 태풍 카트리나가 가져온 파괴적 결과 이후 이에 대처하는 공공 서비스 기관들의 안일한 태도에 충격을 받은 문화적 행위자들이 나섬으로써 이루어진 것이다. 수백 명의 사람이 목숨을 잃었고, 수만 가구가 재산과 집, 친구, 생활을 포기한 채 이 도시를 떠나야만 했다. 이후 도시로 되돌아온 사람은 거의 없었다. 몇몇 지구에서는 3분의 1에 달하는 집들이 버려졌으니, 집주인들에게는 이 집들을 수리할 수단과 방법이 없었다 하겠다. 지역 경제는 무너졌고, 수천 개의 일자리가 사라지면서 수천 가구가 도시를 완전히 떠나 버리게 된다.

예술가들은 작품을 통해 대참사에 대해, 참사가 남긴 결과에 대해 증언을 하고 나섰다. 프랑스 구역(프렌치 쿼터)의 남쪽에 위치한 옛 물류 창고 밀집 지역은 이후 수많은 아트 갤러리와 도시의 주요 박물관들을 받아들이기 시작한다. 2009년 겨울에는 뉴욕의 큐레이터 댄 캐머런(Dan Cameron)이 이끄는 예술가 단체가 이곳으로 와 현대 예술 비엔날레 〈프로스펙트(Prospect)〉를 개최하면서 지역의 예술적인 삶을 소생시키기도 했다. 방파제가 무너지면서 생긴 해일에 완전히 휩쓸려 버린 흑인들의 빈곤 거주 지역 로어나인스워드의 운명은 미국인들의 심금을 울렸다. 동부 해안의 도시 공학 학교 학생들은 이곳에 직접 찾아와서 지역 단체들과 협력하여 못쓰게 된 건물들을 어떻게 해체하는지, 자가 개축은 어떻게 하는지에 관한 프로그램을 만들어 주었다. 할리우드 스타들은 태풍으로 무너진 집들의 재건축에 대한 재정 지원 목적의 재단을 설립했다. 이에 중심 역할을 한 영화배우 브래드 피트는 낮은 비용의 친환경적인 주택들을 건설하는 데 유명 건축가들을 동원하면서, 현대 건축에 대한 자신의 취향을 십분 발휘하였다.

이 도시에 활용 가치를 다시금 부여하고자 한 예술가들의 참여는 앞으로 새로운 거주민의 안착을 불러올 것이고, 본 거주민보다 조금 더 우월한 위치에 있는 사회 계층을 불러들일 것이다. 이미 몇몇 관광업자들은 해일로 황폐화된 지역에 대한 관광을 기획하고 있다. 하지만 이 지역들의 젠트리피케이션에 대한 책임이 예술가들에게 있다고 보면 안 될 것이다. 카트리나의 파괴력과 관공서들의 무관심이 가난하고 흑인으로 구성된 본 거주민들을 이 도시에서 밀어내고, 이 공간을 새로운 거주민들에게 내준 것이다. 여기에서 예술가들의 개입은 바로 지역민에 대한 지지 — 특히 참사로 악기를 잃어버린 재즈 뮤지션들에 대한 지지 — 의 표현이자, 부시 정부의 무책임과 무관심에 대한 폭로였다 하겠다.

예술가, 젠트리피케이션의 주도자인가 지표인가?

예술가들은 그 존재와 활동을 통해 그들이 사는 장소가 재발견 되도록 함과 동시에 그 거주 지역이 지닌 건축적 특징, 풍경적 특징 의 가치를 드높인다. 예술가들은 (카페, 부티크, 아틀리에) 같은 몇 몇 일상적 공간들을 점유함으로써 그 구역의 사회적 풍경이 다시 그려지도록 하고, 그리하여 이 장소에 대중적이기보다는 보헤미안 적이고 국제적인 색채를 부여한다. 그리하여 차츰, 이 예술가들의 거주가 가져올 위험에 대해 걱정하던 다른 곳의 주민들, 수입이 높 지 않은 이 주민들은 이곳이 살기에 매력적인 곳이라고 느끼고는 넉넉한 경제적 조건을 지닌 계층보다 먼저 이곳에 정착하게 된다. 이렇듯 예술가들이 어느 한 구역에 거주하게 되면 젠트리피케이션 과정이 그 뒤를 따르게 되니, 이 예술가들은 부동산의 경제적이면서 상징적인 가치를 재조정하는 힘을 가진 것이다.

인구가 밀집되어 있으면서 파손된 중심 지역에 대한 재투자의 움직임이 일어나는 도시의 수가 늘어나고 있다. 이러한 재투자는 지역의 공간이나 건물들에 대한 재건축 평가를 담당하는 민간 업체나 공공 기관들의 개입에 의해 시작되기도 하지만, 중산 계층 이상에 속하는 새로운 (부동산) 소유주가 그 도시에 출현하면서 진행되기도 한다. 북미에서는 이러한 변화가 눈에 확 띌 정도로 매우 휘황찬란하게 진행되었다. 북미의 경우 개인 집을 도시 주변에 소유하는 것이 꿈이 되고 모두가 자가용을 이용하게 되면서, 도시 중심가의 피폐화와 빈곤화가 이루어졌다. 하지만 프랑스의 경우 사람들이 이와 같은 이유로 도심을 비운 적이 없었던 데다가 도시로의 회귀 현상이 자연스럽게 발생한 것이어서, 지역의 원래 거주민들에게 이러한 현상이 그리 위협적으로 보이지도 않았다. 게다가 무엇보다 프랑스 법이 세입자의 권리를 보호하고, 공영 주택이 도시 곳곳에 많이 들어서 있어서 이러한 젠트리피케이션[5]이 쉽게 일

---

5) 이와 반대로, 1970년대 파리의 벨빌에 들어선 규모가 꽤 큰 공영 주택 단지의 설립은 젠트리피케이션의 매개 요인 중 하나가 되었다. 경영주의 1퍼센트라는 주택 보조금을 위해 많은 중산 계층 세대들이 이 단지로 이주하게 된다. 사실 당시 이주한 세대들은 이 구역을 스스로 선택한 것이 아니었다. 이

어날 수가 없다.

그럼에도, 젠트리피케이션이 진행 중인 구역에 사는 빈곤한 거주민들이 그 장소에 계속 살려고 할 경우 새로운 거주자들과의 갈등은 피할 수 없는 것이 되어 버렸다. 경제적으로 보다 안정적인 계층의 사람들이 그곳에 이주하게 되면서 그 지역의 상업적인 구조도 바뀌게 되니, 예전 거주민들의 경제적 수준과는 맞지 않는 상점들이 들어서게 된 것이다. 새 거주민들은 그들의 규범과 가치를 내세우며 그 지역 내 토론의 공간, 건물 공동 소유자 모임, 학교 자문 회의, 지역 주민회, 각종 구역 단체들을 점점 자신들의 공간으로 만들어 나가게 된다. 젠트리피케이션이 일으킨 사회, 경제적 선별 현상이 일어나면서 거주민들 중 가장 소비 수준이 높은 이들은 공공의 공간을 점유, 사유화하게 되었고, 이와 함께 공생이라는 가치는 젠트리피케이션을 주도한 이들이 내세운 가치의 일부로 전락하게 된다. 젠트리피케이션이 본격적으로 시작되면서 "젠트리피케이션 윤리"(Charmes, 2006) 또한 자리를 잡기 시작하는 것이다. 이에 대한 이론을 처음으로 내놓은 미국의 지리학자 닐 스미스(Niel Smith)는 젠트리피케이션이 도심 차원의 계급 투쟁과 관계가 있다

후 거주민들 일부의 사회적인 여건이 더 나아졌음에도, 이들 대부분은 파리 중심에 거주한다는 이점을 놓치지 않기 위해 이 공영 주택에 계속 거주했다.

고 주장하며(Smith, 1996), 이러한 계급 투쟁은 도시 재생, 사회 계층 혼합이라는 표현들 뒤에 가려져 있다고 말한다.

　젠트리피케이션 과정에서 생긴 기존 거주자와 새로운 거주자 간의 경직된 관계를 살피다 보면, 이 안에서 오프 예술가들의 역할은 도대체 무엇인가란 질문을 던지지 않을 수 없다. 그 구역의 재생을 주도하는 이들인가, 아니면 이러한 고급화에 대한 구실로 이용되는 이들인가? 사실, 이러한 가치화 작업은 예술가들이 가져온 새로운 도시 생활 방식과 관계가 있다기보다는 이들을 이용한 노련한 연출에 가깝다 할 수 있다. 현재 벨빌이나 몽트뢰유 같은 지역에서 진행되고 있는 젠트리피케이션에 대한 신문 기사를 읽어 보면 그 지역에 사는 예술가들의 증언을 많이 담고 있는데, 이들은 이 구역이 지니고 있는 진정성과 구역의 장점, 가 볼 만한 식당들을 많이 언급한다. 이런 예술가들의 존재는 상업적인 목적으로 이용되기도 한다. 부동산 중개업자들은 고객들에게 어떤 예술가가 이 구역에 산다는 등의 말을 흘리며 구매를 부추긴다. 또한 일부 사업 추진자들은 (예술의 빌라, 예술가 거주지, 샤독 골목길 등과 같은) 시적이고 예술적인 감성이 감도는 이름으로 그들의 작업물을 표현하기도 한다. 예술가들의 존재는 젠트리피케이션의 원인 역할을 하고 있는가, 아니면 고급화 논리만을 좇아 일어나는 과정에서 나타나는 구조적 현상이자 젠트리피케이션에 대한 하나의 지표일 뿐인가?

자세히 살펴보면 예술가들은 이에 깊게 연루된 원인적 요소도, 또는 피상적으로 이용되는 핑곗거리도 아니다. 이들은 바로 도시 회귀 과정과 직접적으로 연관이 있는 대중들의 진정한 모습을 내보여 주는, 폭로자와 같다.

예술가, 창조적이지만 불안정한 새로운 중산 계층의 원형

젠트리피케이션과 연관된 새로운 거주 행위들은 중심성, 밀집성, 이동성에 가치를 부여한다. 예술가들과 고급 주택지 이주민들 사이에서 그 행위와 거주 관련 선택이 서로 상응하는 것은 이들이 같은 취향을 지니고 있고 같은 제약을 받고 있는 데서 기인하는 것이다. 이들 사이의 소득 수준이나 직업적 지위의 격차가 크긴 하지만, 이곳의 새로운 거주민들은 새로운 중산 계층에 속하는 이들로 문화생활에 큰 관심을 지니고 있고, 사회 풍습에 대해서도 널리 허용하는 태도를 지니고 있다 하겠다. 이들은 3차 산업 분야의 직업을 가진 이들로 교육 수준이 높고, 어느 정도의 문화적·사회적 자본이 있으며, 임무를 수행하는 직이 아닌 경영하고 관리하는 직을 지니고 있다. 이들은 거주 지역의 삶에 참여하는 데 적극적이고, 주위의 환경 문제와 삶의 질 문제에 매우 많은 신경을 쓴다. 이러한 새로운 중산 계층의 수적 증가는 교육 수준의 상승, 후기 산업 경제로의 진입, 풍습의 자유화 등과 같은 여러 사회 경제적 변화와 관련이 깊다. 이들의 작업은 예술가의 작업이 요구하는 특성들을 요구하는 경우가 많다. 미디어, 광고, 교육, 기술 분야 등에 종사하는 이들은 상상력, 독창성, 개인적인 몰두, 이 모든 것을 그들의 직업 분야에서 발휘하고 적용한다.

이렇게 예술가 이미지는 창조적 노동자들에게 모델처럼 여겨진다. 실제로 예술가들이 자신의 작업을 구성할 때 보이는 일반적 특징, 그 행동 방식의 특징들이 창조적이라 불리는 다른 많은 분야 내에서 발견되기도 한다.(Boltanski et Chiapello, 1999 ; Menger, 2002) '창조적'이라는 용어는 이러한 부류의 직업이 가지는 특징과 그로 인해 생기는 일상적인 문제점들을 최소화하는 경향이 있다. 이 일들의 임무 자체만을 가치 있는 것으로 만들면서 말이다. 이러한 창조적 노동자들은 현재 활동을 하고 있는 예술가의 이미지, 즉 창의적이고, 유동적이고, 의욕적이고, 수입이 확실치 않으며, 동료와 항상 경쟁 관계에 있고, 불안정한 직업 경로를 지닌 예술가의 이미지와 비슷한 면을 가지고 있다. 공연계에서는 공연의 성공과 수익성이 불확실한 만큼 공연 기획이 프로젝트별로 이루어지며, 이에 참여하는 이들(기술자부터 배우까지)을 임시 계약으로 채용한다. 노동자들의 관점에서 볼 때 이와 같은 일의 진행은 간헐적이고 개인화된 노동, 때마다 대가가 지불되는 일시적이고 짧은 기간 지속되는 노동으로 이루어진다 할 수 있다.6) 공연계의 불규칙적인 채용자들을 보호하는 제도는, 예술 프로젝트가 지닌 시간성의 특수성을 인정하면서, 이러한 공연 작업이 가져올 수 있는 사회적 결과를 제한한다. 실제로 공연의 성공이 보장되어 있지 않다 하더라도, 공연 전에 보수 없는 긴 시간의 연습은 꼭 필요하다. 그런데 불규칙적 채용 모델은 다른 분야에도 적용되긴 하지만, 이는 일반적인 실업 보장 시스템의 발전으로 이어지지는 않는다. 임시 노동자들은 생산 시스템에서 조정 가능한 변수로서, 경제 위기의 시기에 특히 불안한 입장에 놓인다. 예술적 작업이 지닌 불안정성과 유동성을 이 길을 선택한 이들이야 충분히 받아들인다 하더라도, 창조적이라 일컬어지는 다른 직업의 경우에도 그렇다고 말하기는 쉽지 않다.

문화 산업이 겪고 있는 내부의 조직적 변동은 지식업 종사자들의 고용 조건과 수입에 비극적인 결과를 가지고 왔다. 예를 들어 출판업은 (수정, 번역, 그림 등의) 여러 작업을 프리랜서들에게 의뢰하게 되었는데, 이 프리랜서들은 출판사들이 대기업의 손에 넘어가게 되면서 발생한 구조 조정 중 해임된, 출판사의 옛 직원들인

---

6) 간헐적으로 채용되는 노동자의 평균 계약 기간은 15년간 12일에서 4.3일로 줄었다. (Lacroix, 2009)

경우가 많다. 외주란 생산을 조정하는 한 방식으로 노동의 완벽한 유연성을 제공하는데, 여기서 말하는 유연성이란 바로 임금에 대한 보호나 급여의 안정성이 전혀 없음에도 이루어지는 주문자에 대한 노동자의 강한 종속성에 의해 나타나는 것이다.(Rambach, 2009) 고용인과 급여 생활자의 관계는 이제 서비스의 주문자와 공급자의 관계가 되었다. 이러한 형태의 직업적 관계는 서비스의 교환이 고객과의 관계 차원에서도 이루어지고 있는 기업에서도 확산되고 있다. 어제의 동료가 고객이 되거나 공급자가 되는 것이다. 취향, 행동 그리고 재능 이외에, 고급 주택지 이주민들, 창조적 계층이라는 이 불안한 집단 사람들의 공통점은 바로 불안한 노동 조건과 불확실한 직업 경로이다. 예술계 밖으로 방랑의 범위가 확장되어 가는 것이다. 확실히 보장받는다 여겨졌던 직업조차도 이젠 노동의 조건이 약화 되어 감을 볼 수 있다. 젊은 선생님들은 대체 교사가 되어 가고, 젊은 연구자들은 또다시 박사 후 과정에 들어가며, 컨설턴트는 일을 쉬며 다른 계약을 기다리게 된 것이다.

이러한 상황에서 사람들은 높은 고용 가능성과 그러한 가능성에 대한 높은 접근성, 그리고 한 사람이 접할 수 있는 서비스의 매우 높은 다양성과 같은 도시적 특성들을 찾아 나서게 되었다. 이는 왜 중산층에 속하는 새로운 직종의 사람들이 도심에 다시 관심을 갖게 되었는지를 설명해 준다. 이들에게 이제 중심성과 접근성은 절대적인 원천이 되어 버린 것이다. 예를 들어 6개월마다 일자리를 바꾸는 컨설턴트의 경우, 그가 하는 계약이 갖는 유동성에 적응하기 위해 대중 교통수단이 밀집한 중심부에 살아야 한다.

모든 이들이 도시에서 그들의 일상을 구상하는 데 필요한 원천을 찾아낸다. 그들은 교외에 있는 넓고 살기 좋은 집을 버려두고서, 중심부의 원천을 누리기 위해 도심으로 이동해 온다. 하지만 재정적이고 금전적인 압박으로 인해 이들은 대신 싼 거주지를 찾게 된다. 도시 중심 구역에서의 정착은 그들에게는 어쩔 수 없는 선택이니, 이들의 낮은 소득으로는 부동산 대출을 받을 수도, 인기 있는 지역의 세입자로 들어갈 수도 없는 것이다.

소득의 취약함과 도시 중심부가 주는 이득 사이에서 이루어지는 조심스러운 균형이, 이러한 개인들이 연루되어 있는 젠트리피케이션 과정에 의해 위협을 받고 있다. 상징적 가치를 만든 이들과 재정적 투자를 통해 그 상징적 가치를 경제적인 가치로 바꾸어 버린 이들 사이에, 아주 빠르게, 이해관계를 둘러싼 갈등이 발생하는 것이다. 일단 재생 작업이 시작되면, 계속 확장되어 처음에 있었던 방랑 예술인들을 밀어내고 더 상위의 중산 계층을 위한 도시적 공간을 만들어 낸다. 젠트리피케이션은 이리저리 뒤얽힌 두 개의 움직임을 보여 준다. 하나는 예술가의 상징적 가치를 점유하는 것이고, 다른 하나는 도시 공간의 재생이다. 어떻게 하면 독창적인 삶의 방식을 통해 유지되는 혁신적인 노동의 힘을 재생산할 수 있을까? 어떻게 하면 적당히 낮은 가격을 유지하면서, 구역의 새로운 상징적 가치가 만들어지는 데 근본적 역할을 하는 독창성과 방랑의 특성을 보존할 수 있을까? 사실 이 예술가들의 구역은 보헤미안적인 매력의 집결지일 뿐만 아니라 새로운 도시 경제의 도구라고도 할 수 있으니, 바로 여기에서 새로운 도시 경제는 창조적인 인적 자원의 가장 중요한 부분을 끌어오게 되는 것이다.

3장 도시, 창조 경제의 영토

　도시 내 일반 주민 거주 구역이나 버려진 산업 지역들은, 도시의 재가치화에 참여한 예술가들이 정착하는 데 적합한 영토[7]가 되고 있다. 그러나 예술가들과 유사한 노동의 조건과 가치를 보유한 새로운 중간 계급이 도시로 회귀한다는 것이 과연 도시의 일반적인

---

7) (역주) 영토(territoire)란 "어떠한 개인 또는 공동체에 귀속된 공간의 넓이"를 말한다. 그리고 도시 개발 운용의 측면에서 영토란 "행정과 서비스의 공간을 조직하기 위한 영토적 구획"을 의미하기도 한다. *Dictionnaire de l'urbanisme et de l'aménagement,* Sous la direction de Pierre Merlin et Françoise Choay, PUF, 1988, p.882.

재편을 의미하는가? 도시는 부의 생산에 있어 산업 경제를 대체할 만한 창조 경제의 원천이 될 수 있는가? 산업체들은 공간적 협소함과 높은 부동산 가격으로 인해 도심을 피해 다른 곳에 정착하게 되었다. 그렇다면 도대체 무엇 때문에 도심이 새로운 경제를 위한 매력을 지니게 되었단 말인가? 분명한 것은 이러한 (새로운 경제와 관련된) 활동들이 공간을 적게 차지한다는 점이다. 특히 만남의 공간이라 할 수 있는 도시가 지니는 내적인 장점들은 이러한 활동들의 요구에 부합한다. 만남은 예술가들의 활동을 용이하게 하고 창조성을 진작시키며 일반 대중과의 부단한 새로운 접촉을 가능케 한다. 우리는 이러한 현상을 창조 경제의 다른 영역에서 찾아볼 수 있다. 산업 경제가 다른 곳으로 옮겨 가거나 분산되고 글로벌화에 따른 구조 조정으로 이득을 취하게 될수록, 창조 경제는 대도시에 자신의 영토를 정하고 적합한 장소들을 선정하려는 경향을 보인다. 바로 이 대도시에서 창조 경제는 인적 네트워크 논리와 종사자 사이의 대면적 만남의 논리를 펼쳐 나갈 수 있기 때문이다. 예술적 생산의 원천이 되는 구역은, 대도시에서 발전의 원천을 발견하는 또 다른 창조적 활동들의 구성 방식에 원형 역할을 한다.

소호에서 몽트뢰유까지 : 예술적 생산의 원천으로서의 구역8)

창조 도시 개념은 예술적, 문화적 생산과 관련된 경제적인 쟁점들을 보여 준다. 예술가들의 존재는 지역 문화 경제 피륙의 기반을 형성하니, 이 기반은 예술가의 창조성을 상업적 재화나 서비스로 변형시킨다. 창조적 예술가와 (재)생산 시스템 사이에는, 다양한 중개자들이 이러한 창조성을 포착하기 위해 네트워크를 동원하면서 능력을 발휘한다. 이들은 미래의 이익을 위해 투자의 위험을 무릅쓰기도 하고, 예술가들을 지원하기도 한다. 이 중개자들은 다양한 얼굴을 갖고 있는데, 예컨대 바에서 젊은 가수를 발견하고 첫 음반을 발간해 주는 매니저, 미술 학교 젊은 학생의 그림을 전시해 주는 갤러리스트, 젊은 영화감독이 영화를 만들도록 재정 한도 내에서 선(先)지원하는 재정 시스템 등이 중개인 그룹에 속한다 하겠다. 이러한 가운데 구역은 예술적 작업을 위해 선택된 장소에서 전

---

8) (역주) 구역(le quartier)이란 "어떠한 단일성과 개인성을 부여하는 뚜렷한 특징으로 인하여 고유의 모습을 지닌 도시 영토의 한 부분" 또는 도시의 행정적 분할 구역을 의미한다. 예컨대 파리에는 20개의 행정구(arrondissment)가 있으며 각 행정구는 4개의 구역(quartier)으로 구성된다. *Dictionnaire de l'urbanisme et de l'aménagement*, Sous la direction de Pierre Merlin et Françoise Choay, PUF, 1988, p.743.

시와 지역 상품 판매의 영토로 빠르게 변모한다.

맨해튼 중심에 위치한 산업 구역인 소호에서, 예술가들은 이중적인 재편 과정의 원천이 되었다. 이때의 이중적 재편이란 로프트의 발달에 따른 주거 양상의 재편과 아트 마켓이라는 특별한 중심지로의 경제적 재편을 말한다.(Zukin, 1982) 주거의 재편은 1960년대에 시작되었다. 산업체들이 떠나면서 텅 비게 된 방대한 빌딩들은 곧 부동산업자의 영향력 아래 놓이게 되었다. 이 지역은 도시의 중심부에 위치하고 있었던 만큼, 부동산 투기를 두려워하는 거주민 연합에 의해 저지되던 여러 도시 계획과 부동산 계획의 대상이었다. 같은 시기 도시의 주변은 예술가들에 의해 점차적으로 채워져 갔는데, 이 예술가들은 빈 건물의 점유가 (화재 시 보험 등의) 수많은 안전 문제를 야기할 수 있다는 이유로 건물 소유주와 불법 점유 동의서에 서명하기도 하였다. 예술가들은 이 장소를 창조적 작업실로 사용하면서 차츰 자신의 주거지로 변형시켜 나갔다. 그러면서 새로운 거주 형태를 만들었는데 그것이 바로 로프트였다. 이후 토지 점유에 관한 법 규정도 바뀌어, 이들의 새로운 거주 형태가 인정받게 되었다. 뒤이은 법적인 명료화와 함께 예술가들은 그들의 아틀리에를 구입할 수 있게 되었고, 이에 지역 부동산 시장도 활기를 띠기 시작한다. 구역 활성화에 적극적이었던 이들은, 토지 사용 및 산업 시설 개선 시 세금 감면에 관한 새로운 법령(1975년

법)이 나오면서 비어 있는 산업체 건물들을 로프트로 바꿔 나갔다. 이 산업체 건물들이 시내에 집중되어 있었던 것도 로프트로의 전환을 더욱 빠르게 진행시킨 요인이라 할 수 있다. 로프트는 빠른 속도로 맨해튼 여피(yuppie)들이 찾는 새로운 주거 형태로 자리 잡아 갔다. 예술가들이 이러한 주거 형태를 발명해 (특히 문학 작품이나 영화에서의 묘사를 통해) 널리 알렸다면, 이 새로운 부동산 시장을 발전시킨 사람들은 바로 부동산업자들이었다. 이 부동산업자들은 이익을 많이 남길 법한 지역에 위치한 황폐화된 산업 부지를 헐값으로 매입할 수 있는 기회를 활용하였다. 이들은 그 판매 논리 속에서 아방가르드 예술의 존재를 활용하면서 이 장소를 하나의 도시적 아방가르드로 만들었다.

현대 예술의 글로벌 시장에서 소호가 유일한 중심 장소가 아닌 하나의 장소로 인정받게 되면서 경제적 재편이 일어났다. 초기 소호의 재편으로 인해 뉴욕 예술가의 새로운 세대는 자신만의 영토를 가질 수 있게 되었으니, 이후 예술가들이 이 구역에 정착한다는 것은 직업적, 사회적으로 인정받는 것을 의미하게 되었다. 몽마르트르, 몽파르나스, 그리니치빌리지, 그리고 소호에서 예술가들의 지리적 근접성은 그들 사이의 우정과 친연성의 네트워크 형성, 집단 프로젝트의 발전, 동료들 사이의 인정 등을 더욱 활발하게 만들었다. 1960년대 소호의 젊은 예술가들이 작업을 하던 곳은 분명 값

싸고 낙후된 곳이었으나 대신 채광이 좋고 널찍한 장소였다. 그들은 작업을 통해 장소를 창조적으로 활용하였고 장소의 중요성을 연출하였다. 특히 그들은 아틀리에의 규모에 맞게 장소를 다차원적으로 재구성하면서 작업실을 전시를 위한 공간으로 만들었고, 전시 시간과 작업 시간의 구별 또한 없었다. 이러한 건물들은 기념비적인 작품을 위한 이례적인 전시 조건을 제공하였다. 갤러리스트들은 재빠르게 창작 작업실 부근에 전시와 판매의 공간을 마련하였고, 예술가들과 특별한 관계를 맺으며 맨해튼의 부유한 고객-수집가들에게 이 지역을 알렸다. 어떤 예술가가 예술계 전체(수집가, 비평가, 갤러리스트, 학예사)와 지리적으로 가까운 곳에 산다는 것은 이 예술가가 그 자체로 인정받는다는 것을 의미한다.(Bordeuil, 1994) 상업적인 예술 갤러리의 발달은 이 새로운 도시적 영역이 인정받는 데 중개자로서 기능한다 하겠으니, 이러한 갤러리의 활발한 활동은 창조적 환경에서 작품이 연출되도록 하는 동시에 새로운 예술가 구역이 현대 예술 시장의 중심지 역할을 함을 보여 준다 하겠다.

런던의 이스트엔드에 위치한 혹스턴, 쇼어디치의 젠트리피케이션과 재편은 이와 유사한 과정을 보여 준다. 여기에서도 한 예술적 경향(Young British Artist, YBA)의 영토성 확보는 낮은 가격의 수많은 비어 있는 장소들로 인해 가능하였다. 이와 함께 예술가들을 홍보하고 고객에게 그 구역을 널리 알리는 갤러리들 또한 속속 문을 열었다. 여기서는 새로운 행위자인 수집가(컬렉터)가 등장하는데, 찰스 사치(Charles Saatchi)를 대표적인 예로 들 수 있을 것이다. YBA의 젊은 예술가들에 대한 그의 투자는 아트 마켓을 통해 예술가들이 인정을 받는 데 촉매제 역할을 했고, 예술가들과 그들의 스튜디오로 시선을 집중시키면서 이들을 향한 재정적 지원이 이루어지도록 했다. 이후 점차 다양한 창조 기업(디자인, 건축, 그래픽 디자인)들이 이곳에 정착하게 되었고, 주위의 카페와 레스토랑은 혹스턴으로 비즈니스 중심을 확장하려는 금융가 시티 구역의 은행가들을 손님으로 맞게 되었다.(Ambrosino, 2008)

파리 부근의 몽트뢰유에서도 이와 동일한 현상을 관찰할 수 있다. 여기서는 예술적인 직업(그래픽 아트, 디자인, 시청각)을 가진 그리고 수공 공방(재단사, 목공예) 분야의 젊은 전문가들이 몽트뢰유의 아래 지역에 정착하게 된다. 거주에 대한 전통적인 기준(가격과 접근성)과 우연한 선택이 그들의 정착을 촉진시켰는데, 이외의 다른 요소들도 이들을 몽트뢰유, 수많은 공장과 공방들이 텅 비어 있는 이 옛 산업 도시로 인도하였다 하겠다. 변조 가능한 이곳의 건물들은 이러한 창조적 활동의 특수한 필요에 걸맞게 고쳐졌고, 주거 시설과 직업적 공간을 동시에 갖추게 되었다. 직업적인 네트워크의 구성원들이 이웃을 이루며 산다는 사실은 새로운 이들을 이 지역으로 더욱 불러들였다. 이렇게 강한 집중화 과정이 시작되면서, 문화 영역에서는 직업적 삶과 사적인 삶의 경계가 모호해지는 현상이 나타나게 되었다. 즉 직업상의 파트너들이 친구로 변한 것이다. 유사한 직업끼리의 집합 과정이 젠트리피케이션을 촉발하고, 이러한 젠트리피케이션 과정은 문화 생산의 조직 방식에 의해 확대된다 하겠다. 지리적 근접성은 직업의 불안정성, 노동의 유연성, 상호 신뢰, 친숙해짐에 기초한 작업의 조직을 물 흐르듯 부드럽게 하면서, 이를 보다 공고하게 만든다. 예술적 생산의 특징은 유연하고, 전문화되고, 영토화된 생산 방식으로, 여기서 구역은 예술가의 직업적 발달을 위한 원천이 된다. 이러한 전문가들에게 몽트뢰유에 정착한다는 것은 문화 창작의 제도적인 상업 공간으로부터 멀어진다는 것을 의미한다. 특히 시청각 산업의 경우가 그러한데, 이 분야의 주요 기업들은 파리 서쪽 지역에 집중되어 있다. 몽트뢰유에 작업을 하면서 산다는 것은 중간의 생산 공간에 닻을 내리겠노라 주장하는 것이니, 즉 이 공간은 공연계의 자기 찬양적인 성격을 지닌 중심 공간과도, 그리고 대량 생산의 공간과도 구별된다 하겠다.(Hatzfeld, Hatzfeld et al, 1998)

문화적 생산의 영토적 정박

작품의 상업화를 발전시키는 데 예술가들의 구역이 하는 기능은 쉽게 이해될 수 있다. 창작자의 작품은 상업화에 유리한 조건들의 혜택을 입는다. 이때의 유리한 조건이란, 갤러리스트와 같은 중간 매개자의 존재, 전시와 공연의 장소, 호기심에 찬 소비자들(컬렉터)의 방문 같은 것들이다. 문화적, 창조적 생산에 영토라는 것이 얼마나 중요한지 이해하기 위해서는, 우선 문화 분야의 특수성과 이 분야의 생산 방식의 고유성부터 되짚어 봐야 할 것이다.

작금의 문화 경제는 매우 큰 불확실성에 노출되어 있다. 즉, 각각의 문화적 생산물은 독특하고 특이하다. 일반 대중이 그것을 받아들인다는 것은 내기에 가깝고, 그렇기에 그러한 생산은 상업적 위험성을 지닌다.(Benhamou, 2004) 프랑스의 경우, 문화 분야가 일반 대중으로부터 큰 지지를 얻고 있다. 문화 산업에 대한 지원 정책은 창작에 대한 지원 정책으로 이해되고 있고, 이러한 문화적 생산이 프랑스 경제에 직간접적으로 영향을 준다는 점에서 경제 정책의 요소로도 받아들여지고 있다.[9] 현장 공연 분야에서는 공연

---

9) 문화 분야는 2006년 상품 서비스 비즈니스에서 7퍼센트를 차지하였고 금액으로 환산하면 총 430억 유로에 해당한다.(Deroin, 2008) 이 분야 프랑스의 무역 수지는 약간의 수익을 내고 있으며 문화 상품 수출액은 20억 유로

작품이 재현되지 못한다는 특징으로 인해 높은 생산 비용, 삭감 불가능한 비용이 발생하고, 그리하여 지속적으로는 예산의 불균형을 초래한다.(Baumol, Bowen, 1966) 많은 활동에서 기술적 진보는 생산성의 이익을 가져다주지만, 현장 공연에서 생산 비용은 주로 인건비에서 발생한다. 그런데 이벤트 창작 분야의 경우 — 예컨대 오페라 — 는 항상 일정한 연습 시간과 축소할 수 없는 일정한 배우의 수를 필요로 한다. 생산성의 이익이 부재하는 이러한 상황에 대처하기 위해 주최 기관들은 다양한 전략을 구사한다. 이를테면 관객 수가 줄어드는 위험을 무릅쓰고 가격을 높인다든가, 투자액을 회수하기 위해 공연 횟수를 늘려 관객 수를 늘리는 것이다. 또는 공공 보조금에 호소하기도 한다. 마지막 전략은, 브로드웨이 공연장들이 구사하는 전략으로, 대규모 공연만을 기획하는 것이다. 이 공식은 (성공한 디즈니 만화영화를 각색해 만든 뮤지컬이 보여 주듯) 이미 검증된 것이나, 질적 수준이나 미학적 추구 등은 무시하면서 높은 가격만 유지시키는 방식이라 할 수 있다.

문화 산업은 창조적 생산과 산업적 재생산이라는 두 가지 논리에 의해 작동된다. 창의적 과정은 콘텐츠를 만들어 내기 때문에 생산의 중심에 놓인다. 문화 산업은 창의성을 포착하여 이를 생산물

───────────────

를 상회한다.(Lacroix, 2009)

로 변형시키려 하는데, 이 생산물의 재생산 가능성은 고비용의 생산비를 보상받고 대중적 성공을 얻을 수 있게 한다. 문화 산업은 독점적인 성격의 경쟁 시스템처럼 작동한다. 이러한 시스템 안에서는 소수가 영역을 독점하고 이들과 맞서는 작은 독립 구조들은 겨우 생존할 수 있는 정도이니, 이 독립 구조들은 새로운 예술가나 새로운 장르를 만들어 내는 데 위험을 감수해야만 하는 것이다. 문화 산업 분야의 활동은 생산의 전 과정, 즉 창작, 생산, 유통을 지배하는 대규모의 몇몇 초국가적 그룹 내에 집중되어 있다. 몇몇 기능에 대한 아웃소싱과 하청 작업은 상업적 리스크를 여러 행위자들에게 분산시킨다. 분류의 논리에 따라 공급을 다양화하는 것은 상업적 리스크를 최소화한다. 하나의 성공이 여러 번에 걸친 실패에 따른 재정적 파급 효과에 다시 균형을 부여할 수 있기 때문이다. 공급의 다양화는 수요의 분할에 대한 산업적 대응이다. 이러한 공급의 다각화는 작은 예술 시장에 전문화된 작은 구조들의 매입을 통해 이루어진다. 독립 구조들이 소유하던 작품 목록, 그리고 이들과 계약을 체결했던 예술가들은 그룹에게 넘어가게 되고, 그러면서 그룹은 시장에서 경쟁의 우위를 점하기 위해 새롭게 부상하는 활동들 또는 장르들을 시도하게 되는 것이다.

음악계의 경우, 메이저 회사들은 상업적 가능성을 보여 주는 젊은 인재들로 구성된 독립 프로덕션의 카탈로그에서 많은 것을 얻어 간다. 메이저 회사들은 방대한 배급망을 통해 이 예술가들에게 최선의 기회를 제공한다. 소규모 레이블들은 매우 큰 수익을 올릴 수 있는 예술가들이 다른 곳으로 옮겨 가는 것에 대비하여 부단히 새로운 레퍼토리를 기획하면서도, 새로 등장하는 예술가들의 창의성에 기대를 걸게 된다. 혁신과 차별화에 대한 요구는 문화의 하위 장르의 혁신과 가변성에 의해 더욱 커지고 있다. 프랑스에서 음반 산업은 전체 시장의 96퍼센트를 점유하는 4개의 메이저 회사(Universal Music, Emi, Warner, Sony)를 중심으로 조직되어 있는데(Camors et al., 2006), 이들에 맞서 수많은 독립 음반사들은 흔히 음악의 한 장르만 파고든다든지(프랑스 레이블 파르고(Fargo)는 전 세계의 포크 가수들과 계약하였다), 아니면 구체적인 영토에 개입한다든지 하면서(렌에 있는 레이블 연합은 지역 예술가들을 지원하는 다양한 음반 생산 구조들을 한데 묶는다) 생존하고 있다.

　이러한 문화적 생산에 대해, 우리는 어느 선까지가 영토적 정박(영토적 점유)이라 말할 수 있는가? 프랑스의 예를 들자면, 지난 15년간 문화 분야에서의 고용은 크게 늘었다. 문화 분야에 고용된 인구는 프랑스 전체 생산 활동 인구의 약 2퍼센트(40만 명)를 차지하는데, 이들의 일자리는 주로 일드프랑스 지역에 집중되어 있다. 이 지역은 (피고용자와 기관 등으로 구성된) 실제 인원의 절반을 받아들이고 있으며, 문화적 고용은 전체 수작업 노동의 4퍼센트를 차지한다. 문화 산업과 문화 활동은 파리(특히 파리 서쪽)와 오드센 두 지역으로 양극화되어 있고, 불로뉴 비앙쿠르를 중심으로 발달한 시청각 산업처럼 진정한 클러스터가 형성되고 있다. 이 지역에 시청각 스튜디오 촬영 활동이 활성화됨에 따라, 새로운 축들이 플렌드생드니와 파리 동쪽에 구축되고 있다.

이러한 문화 산업의 영토적 집중은 프로젝트에 의한 생산의 유연한 조직화 현상으로 설명될 수 있다. 프로듀서, 발주자, 배급자들에 대한 물리적 근접성의 필요성으로 인해, 프로듀서들은 (고가의 부동산에도 불구하고) 파리에 정착한다. 예컨대 마이너 독립 음악 레이블이 파리에 근거지를 둔다는 것은, 자신의 생산물을 홍보하고 유통시키는 수단인 라디오, 공연장, 스펙터클 흥행사,[10] 전문화된 언론에 대한 접근의 용이함을 뜻한다. 현장 공연 같은 예술 활동의 경우, 그 공연이 대도시 중심에서 이뤄진다는 것은 광범위하면서도 요구적 성향이 강한, 그러면서 미학적 실험 또한 받아들이는 대중에게 접근한다는 것을 의미한다. 출판과 시청각 산업의 경우, 일드프랑스 지역을 벗어난 다른 지역에서는 거의 생산 활동의 축이 존재하지 않는다. 물론 아를에 근거지를 둔 출판사 악트 쉬드(Actes Sud)처럼 생산의 질이 뛰어난 사례들이 있긴 하지만 말

---

10) (역주) 프랑스어로 'Tourneur'는 스펙터클을 판매하는 사람을 말한다.

이다. 어쨌든 파리는(규모는 작지만 리용도) 높은 수준의 그래픽 아티스트나 엔지니어 양성 학교, 그리고 (프로젝트에 따라 이리저리 창작 스튜디오를 옮겨 다니는) 숙련된 노동자 네트워크 덕분에 비디오 게임 생산의 중심지가 되었다. 이러한 활동은 영역의 문제에서 중요한 것으로 받아들여졌기 때문에, 이 분야의 기업들은 연합체를 이루면서 파리 시가 지원하는 캐피털 게임(Capital Games)이라는 지역 생산 시스템을 구축하게 되었다. 오늘날 캐피털 게임은 이 분야의 경쟁력의 축이라 할 수 있는 캡 디지털(Cap Digital)과 이해관계를 맺고 있다.(Halbert, Brandellero et al., 2008)

할리우드의 영화 생산 조직은 유연한 전문화 이론을 형식화하는 데 많은 영감을 준다.(Storper, Christopherson, 1987) 이전의 할리우드 스튜디오들은 장기 임금 노동 계약으로 영화 제작에 필요한 모든 인력(기술자, 연기자, 연출자, 분장사 등)을 채용하였다. 이제 과거의 스튜디오들은 해체되었고, 프로젝트에 따라 영화 제작을 운용하는 체제로 대체되었다. 제작자들은 이러한 운용 방식에 따라 여러 원천의 네트워크로부터 다양한 전문가들을 고용한다. 이제 연기자, 기술자, 시나리오 작가는 생산의 특별한 단계에서만 프로젝트에 참여하고 그것이 끝나면 스스로 해체한다. 최근 들어서는 새로운 영토로 진출하는 또 다른 생산 방식이 나타났다. 예를 들어 미국의 영화 산업은 로스앤젤레스에 근거를 두고 있지만, 촬

영의 핵심 부분은 동일한 경쟁력 측면에서 임금이 상대적으로 저렴한 캐나다 또는 재정 지원 정책이 시청각 관련 지역 경제를 적극 지원하면서 촬영을 유인하는 미국의 다른 주에서 이루어진다.

창조적 활동의 조직 기반으로서의 메트로폴리스

예술적 생산의 조직 방식은 다른 창조적 활동의 조직 방식을 대표한다. 리처드 플로리다의 경제적 제안과 그가 창조 산업에 부여한 경제적 중요성은, 1990년대 이후 영토적 경제와 관련하여 수행되어 온 연구들의 결과와 맞닿아 있다. 이 연구들은 구체적인 능력과 세밀한 노하우를 필요로 하는 경제 활동의 장을 위해 군집 경제의 중요성을 부각시키는 것으로, 이때의 구체적인 능력과 세밀한 노하우를 위해서는 (디자인이나 컨설턴트 활동 같은) 직접 대면 관계가 생산 과정에 개입해야만 함을 강조한다. 메트로폴리스는 이러한 상거래가 이뤄지는 특권적인 영토로, 생산에 필요한 모든 자원과 서비스를 제공하는 만큼 첨단의 경제 활동이 이곳에 집결된다 하겠다.(Sassen 1996) 경제적 활동의 지리적 분산과 금융 산업의 재편이 일어나면서, 몇몇 활동 분야가 새로운 형태로 집중되기도 한다. 금융 시장의 발달은 매우 전문적인 서비스의 방대한 하부 구조가 글로벌 대도시에 조성될 수 있도록 한다. 리처드 플로리다

가 말하는 넓은 의미의 창조성에 따르면, 오늘날 많은 서비스 활동
은 새로운 창조적 활동의 범주에 포함된다. 법조인, 금융인, 광고
인, 부동산업자 등이 이에 해당한다. 행위자들 사이의 협상과 대면
은 복합적인 문제의 해결이나 새로운 생산품 기획의 도구가 될 수
있다. 근접성과 같은 군집의 효과는 (생산비 절감의 주요 요소인)
거래의 비용을 경감시킨다.

　금융이나 비디오 게임, 생명 의학 연구나 국제 비즈니스의 법적
권리 등과 같은 창조적 활동들은, 노동의 유연성이 높은 양질의 많
은 노동력, 발주자와 납품업자 사이의 근접성, 수많은 대면 상호 작
용, 역동적인 연구와 이노베이션 센터 그리고 자본 등을 필요로 한
다. 대도시의 영토는 생산 조직의 기제로서, 발주자와 공급자 등
여러 다른 행위자들 사이의 원활한 활동을 돕는 기업을 대신한다.
군집의 자원인 근접성과 다양성으로 인해 창조적 작업에서의 생산
조직이 가능해지는 것이다. 안정된 조직 없이 프로젝트에 의해 만
들어진 작업 팀들은 주문과 수요에 의해 형성되고 해체되니, 이러
한 주문과 요구는 프로젝트의 진행과 노동 인력의 필요에 따라 공
급자, 하청업자, 고객 사이에 수많은 계약 관계를 만들어 낸다. (파
리 북서부에 위치한 비디오 게임 산업과 같이) 제한된 영토에 동일
한 계열의 생산 활동이 집중되는 것은 노동 유연성과 하청을 특징
으로 하는 새로운 생산 조직 방식을 태동시킨다. 생산의 유연한 전

문화 과정은 (규모, 매출액, 활동 분야에 따라) 다양화된 기업들의 집중화로 가능한 것이다. 이 다양화된 기업들은 동일한 계열에 있는 여러 다른 생산 과정에 개입하게 되고, 그러면서 이루어진 기업들의 네트워크는 혁신에 유리한 지역 생산 시스템을 구축하게 된다. 여러 다른 생산 주체들의 근접성은 유연성, 거래 비용의 절감, 상호 작용, (서로 친숙해짐에 따라 이루어지는) 활동 주제들 사이의 신뢰 구축 등 기업이 요구하는 바에 부응한다. 공급자, 하청업자, 고객이 동일한 영토에 함께 존재하는 것은 상업적 교환을 촉진시키는 효과를 가져올 수 있다. 이러한 동일한 고용의 현장에서 다양화된 질적 수준과 능력 전체가 다시 발견될 수 있으며, 또한 노동력의 다양한 요구들 또한 충족시킬 수 있는 것이다.

이런 점에서 실리콘 밸리는 지역 생산 시스템의 원형이 된다. 이곳에서는 서로 다른 기업들과의 지리적 근접성으로 인해 노동자들이 더 많은 이동의 가능성을 얻게 된다. 노동자들은 동일한 생산 계열 안에 있는 기업의 포지션을 고려해 이동을 하기도 하지만, 그들의 일자리의 형태와 관련해 이동을 결정하기도 한다. 한 작은 구역에 기업들이 집중되는 현상은 직업적인 이동을 단순화하고 촉진시킨다. 즉, 직업이나 기업을 바꾼다는 것이 일상적인 삶의 변화나 이사를 의미하지 않는다. 그 이유는 관련 기업들이 동일한 구역에 놓여 있기 때문이다. 여기서 직업적 위계는 약해질 수밖에 없으니,

직업적 이동성으로 인해 그 위계는 항상 새로이 고려되기 때문이다. 예컨대 어제의 사장이 오늘의 고객이 되고 내일의 하청업자가 될 수 있다.(Saxenian 1994) 노동자들의 기업 간 이동은 정보와 일의 노하우를 순환하는 방식이면서, 사회화의 방식인 동시에 자주 만나는 파트너들 사이에 신뢰를 구축하는 방식인 것이다. 실리콘밸리의 역동성은 대부분 개인 간의 매우 강한 관계망, 즉 대학 시절부터 만들어져 직업 영역으로 연결 유지되며, 동일한 사교와 사회화 장소를 출입함으로써 형성되는 관계망에 기반을 두고 있는 것으로, 이는 사적 영역(카페, 레스토랑, 클럽, 자선 조직)에서 유지된다 하겠다. 이러한 우정 관계는 전통적인 직업적 인간관계보다는 정보의 교환, 혁신의 전파 측면에서 훨씬 더 효율적이라 할 수 있다. 그러나 노동자들에게 이러한 생산 조직은 단기 계약, 해고의 용이함, 작업 조건의 불안정화 등 일시적 고용의 증가로 받아들여진다. 노동자들은 인적 네트워크를 (특히 인터넷 기반의 직업적 사회 네트워크로) 다중화하고 (직업 전문화, 지속적인 심화 과정 등의) 연수를 강화하면서 변화된 환경에 적응해 나가고 있다.

많은 산업 선진국들에서, 첨단 활동의 영토화는 자신들의 표준화된 산업 시설이 인건비가 낮고 환경 기준이 약한 나라로 이전하는 현상에 대응하는 일종의 해결 방식과 같다. 유럽 연합은 지식 산업 관련 연구 개발(R&D) 활동을 경제 성장의 동력이자 신흥 산업 국가(인도, 중국, 메르코수르[11])의 부상에 맞서는 전략으로 인식하고, 리스본 조약을 통해 이에 대한 지원을 경제 정책의 아젠다로 채택하고 있다. 지역의 전통에 기대어 그리고 지역화한 행위자들의 네트워크 덕분에 구현된 이러한 창조 경제의 개념은, 그럼에도 몇몇 산업 활동가들의 구체적인 실천 과정에서 다소 의문의 대상이 되기도 한다. 흔히 말하길 할리우드 영화는 밴쿠버에서 촬영되고, 프랑스 영화는 루마니아에서 만들어지며, 애니메이션의 몇몇 밑그림들은 중국이나 심지어 (기 들릴(Guy Delisle)이 『평양』이라는 만화에서 보여 주듯) 북한에서 하청 작업으로 제작된다고 한다. 마찬가지로 핵 강국인 인도도 영국 행정부의 기본 데이터베이스 운영에 관련된 하청 작업지라는 위치에, 또는 최대의 글로벌 콜센터라는 위치에 만족하지 않고 있다. 인도의 수준 높은 지역 엔지니어 양성 능력과 유럽이나 미국보다 낮은 임금은 연구 개발(R&D)과 관련하여 많은 기업들을 인도로 불러오는 매력적인 포

11) (역주) 메르코수르(Mercosur)는 브라질·아르헨티나·우루과이·파라과이 등 남미 국가 간 무역 장벽을 없애기 위해 1991년 창설된 남미 공동 시장이자 경제 공동체이다. 2012년 베네수엘라가 정식 가입해 정회원국이 5개국으로 늘었다. 남미 전체 면적의 62퍼센트를 차지하며 2014년 기준 국내총생산(GDP)이 3조 달러로 남미 전체 국가 GDP의 52퍼센트에 달한다. (네이버 지식백과 '메르코수르', 한경 경제용어사전, 한국경제신문/한경닷컴)

인트이다. 동일 시간대와 영어 구사 능력은 미국과 영국 사이 연속된 작업을 가능케 한다. 이런 작업은 매우 짧은 시간에 복합적인 문제를 해결하는 데 유용하다. 이러한 지역 투자 덕분에 첨단 산업은 발전을 거듭하게 된다. 예를 들어 타타(Tata)는 세계에서 가장 저렴한 자동차를 만드는 동시에 농민들에게 낮은 비용의 태양 에너지 관련 기술을 제안한다. 방갈로르와 하이데라바드 지역은 머지않아 미국과 유럽의 기술 센터들의 경쟁자가 될 것이다. 문화 창조 산업계의 이러한 조직 변화는 문화 창조 산업의 도시 중심 정착과 같은 영토화와 이로 인한 대도시의 역동성에 큰 파장을 가져올 것이고, 가까운 미래의 정책 결정권자들에게 생각해야 할 문제로 다가올 것이다.

4장 창조인들을 위한 도시 만들기

예술인의 도시, 문화 경제의 도시는 창조 경제의 원형 역할을 한다. 그런데 글로벌화를 위해 일어나는 메트로폴리스 사이의 치열한 경쟁과 산업적 퇴락에 의해 위협받는 도시들을, 이 모델에 근거해 창조 도시로 재생하는 것이 가능한가? 어떻게 투자와 기업을 이곳으로 끌어올 것인가? 이는 이 대도시들의 정책 결정자들이 스스로에게 던지는 질문이다. 분명 이들은 재정적인 유인책, 수준 높은 인프라, 사무실을 위한 건물 등을 제공할 수는 있다. 그러나 모든 도시들이 이를 제공할 수 있는 만큼, 이러한 무기는 힘과 효율성을 상실한다.

도시 운영에서 문화의 도구화[12]는 그 무엇보다도 기발한 수단이 될 수 있다. 이는 이 문화의 도구화가 도시의 전통과 직결된 독특한 강점을 부각시키기 때문이다. 그리하여 이른바 '창조 계층'이라고 불리는 예술가와 대기업의 엔지니어들을 어떠한 장소로 불러들이기 위해 문화 정책이 도시 전략에 점점 더 개입하게 된다 할 수 있다. 오프 예술가들의 정착으로 시작된 젠트리피케이션 과정은, 취약한 노동 조건을 지닌 창조 중간 계급의 유입을 거쳐 엄청난 연봉을 받는 엔니지어나 대기업의 중역들의 합류로 완성되는데, 이러한 젠트리피케이션 현상이 여러 도시에서 자연스럽게, 자발적으로 나타나고 있다. 지방 자치 단체는 정책적 의지를 갖고 특정 구역을 선정하여 이곳에 예술과 도시적인 것을 교묘하게 배합한 고품격의 문화적 기제(하드웨어)와 장치를 만들면서 그러한 현상에 대응한다. 그러나 이런 종류의 성공 사례는 매우 드물고, 하드웨어 기제들이 가지는 문화적인 면이 퇴색하는 경우 또한 쉽게 목격할 수 있다. 그리하여 우리는 이렇게 계획되었던 창조 도시가 과연 창조적인가라는 의심을 갖지 않을 수 없게 된다.

---

12) '도구화(l'instrumentation)' 개념은 어떠한 숨겨진 의도나 물질적인 반대급부도 고려하지 않고 사용된다. 이 단어는 어떤 목적을 실현하거나 대상의 처음 상태와 다른 목적성에 다다르기 위해 대상(예컨대 문화적 기제, 문화적 하드웨어)을 도구로 변형시키는 것을 가리킨다.

문화의 도구화

리처드 플로리다가 그의 이론을 내놓기 이전, 도시 계획자들은 이미 기업의 중역들, 아직 창조적이라 불리지 않던 중역들을 도심에 정착시키려 이곳에 상징적인 가치를 다시금 부여한 바 있다. 영국에서 처음 만들어진 창조 도시론은 1970년대의 탈산업화로 황폐해진 도시 중심에 민간 자본을 유치하여 활력을 불어넣는 것을 목적으로 삼고 있었다.[13] 창조 기업들을 위한 경제발전위원회의 설치는 공적 공간의 안전(cctv 감시의 확대)에 대한 개입, 그리고 새로운 시설들의 창출에 의한 문화적 공급 개선에 대한 개입과 함께 진행되었다. 이러한 개입들은 바로 문화 정책과 도시 전략 간의 새로운 조율을 상징하는 것이라 하겠다. 분명, 주민 요구를 충족시키는 것은 지방 자치 단체 문화 정책의 첫 번째 목표이다. 이는 시민에게 휴식과 일상으로부터의 벗어남, 개인적 성취감, 사색, 심미적 즐거움, 희열의 시간을 제공하는 것이다. 그러나 이러한 교육적, 심미적, 시민적 고려에 이제 다른 한 가지가 더 추가되어야 한다. 문화적 삶이란 도시의 삶의 질을 나타내는 지표이고, 특히 각종 잡

---

13) 이러한 도시 재생의 툴 박스는 1990년대 초부터 랜드리(C. Landry)와 비안키니(F. Bianchini)가 제안한 것이다.(Landry, Bianchini, 1995)

지들이 정기적으로 '살기 좋은 도시' 등급을 매길 때 더욱 중요한 지표가 된다. 도시의 환경을 개선하는 것(그리고 이를 알리는 것)은 기업, 특히 높은 부가가치를 창출하는 기업을 유치하는 데 필수 조건이며, 이러한 기업의 중역들은 문화적 서비스를 요구한다. 도시들은 글로벌 차원의 치열한 경쟁에서 유리한 위치를 점하기 위해 차별화 전략을 구사해야 한다. 차별화 전략에서 결정적인 역할을 하는 것은 문화이다. 차별화 전략으로서의 문화는 서비스 제공에서 비교 우위를 점할 뿐만 아니라 경제적 발전과 도시 개발 정비14)의 도구로서 결정적인 역할을 한다.

새로운 문화적 시설의 창조는 도시에 명성과 품격 있는 인프라를 제공하고, 이러한 인프라에 입각하여 도시 계획은 전체적으로 조율될 수 있다. 저명한 건축가가 세웠던 화려한 건축물이 그 도시에 대한 새로운 이미지를 만들어 낼 수 있는 것이다. 다시 말해, 문제가 되는 건물이 포스트 산업 사회에 걸맞게 개선된 도시의 상징

---

14) (역주) 도시 개발 정비(aménagement)란, 일정한 영토의 넓이에 주민, 활동, 건설, 하드웨어 기제, 커뮤니케이션 수단을 펼치고 재구성하는 정책과 실천을 말한다. 도시 개발 정비는 공적 기구의 힘이 행사되는 의지적인 작업과 활동으로서, 중앙 정부와 지방 자치 단체 등 다양한 층위에서 전개된다. *Dictionnaire de l'urbanisme et de l'aménagement*, Sous la direction de Pierre Merlin et Françoise Choay, PUF, 1988, p.40.

물, 그리고 대규모 프로젝트를 구현할 수 있는 도시 역능의 상징물이 될 수 있다. 방문객과 외부 투자자의 눈에는, 그 도상화된 건축 방식으로 인해 그 건물이 모더니티와 창조성을 드러내는 것처럼 비칠 수도 있다. 게다가 박물관과 같은 문화적 장치는 완벽한 관광 명소로 자리매김하며 도시 전체에 혜택을 주는 경제적 원천으로 자리 잡을 수 있다.15) 제니트(Zeniths)16)에서 박물관까지, 멀티플렉스에서 오디토리엄까지, 이 문화적 시설들은 도시 재구축의 도구로 인식되고 있으며, 새로운 중심과 새로운 흐름을 만들면서 땅과 도시의 상징적 재가치화에 기여하고 있다.

이러한 형식의 문화적 기반의 프로젝트가 얻고 있는 폭넓은 지지는 대표적 운영 작업 사례들이 얻은 세계적 명성에 힘을 받고 있다. 그중 대표적인 것이 스페인 빌바오의 구겐하임(Guggenheim) 미술관 유치 프로젝트로, 이는 관광뿐만 아니라 상징적인 부분에서도 성공을 거두었다. 빌바오는 산업 위기와 함께 바스크 분리주의자들의 테러와 독립운동으로 고통을 받아 왔다. 이러한 고통을 겪은 빌바오 시는, 1990년대 초 버려진 산업 지구와 포구 지역을 재정비하고 새로운 경제 활동을 유치하기 위해 대대적인 도시 프

---

15) 최신 연구에 따르면 영국 주요 박물관의 관광 수입이 15억 파운드가량으로 추산된다.(Travers, 2006)
16) (역주) 파리에 위치한 유명 공연장이다.

로젝트를 발전시켰다. 도시 프로젝트의 중심에서, 지역 담당관들은 처음부터 매우 이례적인 시설을 건립함으로써 도시 재정비 사업과 문화적 삶의 조화를 도모하고자 하는 바람을 가지고 있었다. 바스크 지방 정부는 구겐하임 문화 재단을 독려하였고 재단은 다음과 같이 조건을 제시하였다. 즉 (약 2천만 유로의) 독점권 비용을 지불해 주면, 자체 컬렉션을 바탕으로 전시를 구성하고 예술적 전문 지식과 보존에 대한 전문 기술 또한 그들이 제공하겠다는 조건을 내건 것이다. 이러한 제안은 재단이 미술관을 활용할 수 있도록 하기 위함이었다. 그리하여 미술관의 건축가(프랭크 게리)는 재단이 임명하였고, (약 1억 6천만 유로에 달하는) 미술관 건축 비용은 지방 정부가 부담하였다. 구겐하임이 개장하였을 때 입장객 수는 예상치를 크게 넘어섰고, 최근 10여 년 동안에는 약 1천만여 명의 관광객이 이 미술관과 빌바오 시를 방문하였다. 이로 인한 관광 수입은 엄청나다 하겠다. 미술관 개장 이전에는 몇몇 관광객들이 직업적인 이유로 주중에만 머물 뿐이었으나, 오늘날에는 이 도시가 주말 여행지가 되면서 연간 70만 명의 관광객을 불러들이고 있다. 그리하여 2015년부터는 이제껏 쏟아부은 공적 투자액이 회수될 수 있을 만큼의 충분한 재정적 수입을 안겨 주고 있다. (Plaza, 2006)

빌바오의 예는 도시 프로젝트의 틀 안에서 문화의 도구화를 위한 모든 시도들을 정당화할 만큼의, 자발적으로 인용되는 보편적인 준거가 되었다. 그 이유는 아마도 빌바오가 이 분야에서 성공한 유일한 경우이고 또한 그것을 가능케 한 작업의 조건들을 (다른 프로젝트의 경우) 다시 구성하기가 거의 불가능하기 때문일 것이다. 지역마다 약간의 각색을 가미한, 하지만 거의 동일한 시나리오를 곳곳마다 시도한다는 것은, 프랑스 불로뉴 비앙쿠르 도시 계획의 일환으로 진행된 피노(Pinault) 재단 계획의 실패가 말해 주듯이 매우 큰 위험을 감수하는 것이다. 피노 프로젝트 책임자는 프로젝트의 규모에 매료된 나머지 사업의 타당성, 특히 그 문화 프로젝트의 일관성을 고려하지 않고 스갱 섬 전체를 재정비하는 사업을 추진하다 포기한 바 있다. 프로젝트의 포기가 가지고 온 (부정적인) 결과는 그것에 대한 기대만큼이나 큰 것이었다.(Vivant, 2009) 사전에 충분한 예상과 검토가 없었던 루브르 랑스의 경제적 실익과 관광 효과는 과대평가된 것으로 보인다. 이 계획의 추진자들은 공식적인 자료를 통해 빌바오 구겐하임에 상응하는 효과를 기대한다고 했지만, 랑스에 루브르 미술관의 부속 기관을 창립하는 것은 완전히 다른 맥락에서 결정되었다. 이는 일관성 있는 도시 계획이나 이미 존재하는 관광 분야의 인프라 없이, (릴이나 파리와 같은) 그저 도시 관광 중심지와 매우 근접한 곳에 설립되었던 것이다. 감수해야 할 위험은 클 수밖에 없었다. 실제로 루브르 랑스는 (의도한 바와 달리) 하나의 온전한 관광 목적지가 아니라 그저 릴에서 이탈한 곳이 되어 버린 데다가, 실질적인 관광 수익도 주로 릴로 돌아가 정작 랑스에서는 고용 창출이 거의 되지 않고 있다.

속빈 강정 같은 정책들

도시 정책에서 문화적 도구화의 실천은 박물관과 같은 최신 문화 트렌드로 인해 가능해졌다. 크고 웅장한 것을 추구하는 박물관 관련 주요 기관들은 상업적 행위를 관조적인 예술 작품 감상에 결부시키면서, 박물관을 소비의 공간으로 탈바꿈시키려는 상업적인 경향을 보이기 시작했다. 예컨대 퐁피두센터의 지붕 위에서 비즈니스 점심 식사를 하거나, 테이트 모던 터빈 홀의 미끄럼틀에서 아이들과 함께 놀이를 하거나, 구겐하임 박물관의 공중화장실에서 화장을 고치고, 루브르 카루젤의 상점에서 선물을 사며, 파리의 팔레드도쿄 지붕 위에 있는 에버랜드 호텔의 단 하나뿐인 방에서 연인들이 하룻밤을 보내게 하는 것이다. 이러한 문화 시설들이 경영 합리화에 들어가자 컬렉션을 포기하거나, (청소나 안전 등) 부수적인 활동과 전시회 조직 등을 하청업체에 맡기게 되었다. 그리고 이러한 문화 시설들은 기부 재산(기부 재산을 주식에 투자함으로써 얻게 되는 자본 수입은 운영 예산을 살찌운다)과 이에 따른 경영 방식에 의존하는 행위들을 더욱 확장하였다.(Vivant, 2008) 2008년

금융 위기를 통해 미국 미술관의 기업식 운영 방식이 한계를 드러낸 데 비해, 2008년 경제 현대화에 관한 프랑스 법은 '프랑스식' 기부금 창출을 위한 법적 환경을 조성하였다. 이로써 루브르는 첫 번째로 프랑스 기부 기금을 만들었는데, 이는 주로 아랍 에미리트가 루브르 아부다비 미술관 계약 체결의 일환으로 루브르 브랜드에 지불한 기금으로 이루어졌다. 부속 기관의 창출은 세계의 새로운 박물관 풍경을 형성하는 과정으로, 명성과 재정적 지원에 대한 치열한 경쟁에 의해 추동되는 것이다. 이러한 새로운 부속 기관들의 설립은 명성이 높은 박물관을 유치하려는 지역의 요구에 대한 응답인 동시에, 박물관 자체를 지리적으로 확장하고 확산하려는 전략의 일환이라 할 수 있다. 지방 정부의 결정권자와 박물관 대표들은 도시 정책적 차원에서 박물관이 행할 역할에 큰 확신을 내보이는데, 이는 행정 자문 위원회 및 지방 의회를 상대로 박물관과 관계된 부동산 투자의 정당성을 설파하기 위해서라 할 수 있다.

이러한 프로젝트들은 (문화 프로그램과 같은) 콘텐츠보다는 도상적인 건축과 같은 형식적인 면이나 (저명한 기관의 프랜차이즈) 로고에 집착함으로써, 실질적으로 그 내용을 상실하고 박물관 또한 질적 수준이 떨어지게 되는 경우가 많다. 이러한 문화적 시설들을 상업적인 활동의 도구로 삼는 것은 도시적 작용을 약화시키는 결과로 이어지는데, 이러한 약화 현상은 문화 활동 고유의 전략들을 위태롭게 만들기도 한다. 구체적인 프로젝트 없이 문화적 시설들을 낙하산처럼 위에서 심는 것은 무모하고 위험한 행위이다. 문화의 도구화는 그것이 지역의 역사, 그리고 문화 정책의 맥락과 맞아떨어질 경우에만 의미를 지닐 수 있다. 우리는 비트리에 있는 맥발(Mac Val) 미술관과 불로뉴의 프랑수아 피노(François-Pinault) 재단의 경우에서 분명한 차이를 볼 수 있으니, 이는 골리앗과 다윗의 싸움에 비유할 수 있겠다. 맥발은 2006년에 개장한 평범한 규모의 현대 미술관으로 지역민들에게 현대 미술을 소개하고자 하는 강한 문화적 정책의 결과라 할 수 있으며, 지방 자치 단체의 예술 작품 구입과 창작자들에 대한 지원이라는 문화 정책의 연장선상에 있다고 볼 수 있다. 맥발은 또한 그 지역의 특수성과 어려움 또한 충분히 인식하고 있다. 반면 수집가인 프랑수아 피노의 프로젝트는 기념비적인 것으로서, 심지어 과도하기까지 했다. 이 프로젝트에서는 방대한 도시 운용의 중심축이라 할 수 있는 문화 및 박물관 관련 프로그램을 건축이 대신했다. 도시 운용을 담당하던 도시 개발자들은 이 프로젝트가 개인 컬렉션을 위한 지나치게 야심 찬 건축이라는 것을, (커다란 그러나 거의) 속 빈 조개껍데기에 불과하다는 것을 깨닫지 못하였던 것이다.

창조 도시의 범용화

이러한 창조의 유행은, 리처드 플로리다가 소리 높여 외치고 있는 전략의 효율성을 평가하기에는 너무 최근의 흐름이다. 플로리다의 제안들은 다른 이보다 경제, 사회, 문화적 자본을 더 많이 갖고 있는 개인(창조자)들의 필요와 욕구를 충족시키는 것을 목적으로 한다. 그러나 창조의 유행은 암초들, 즉 창조자들을 유인하기 위한 동일한 제안들이 수많은 도시로 확산되어 나감에 따라 뚜렷이 드러나는 암초들을 포함하고 있다. 플로리다의 제안이 획일적으로 적용된다면 그것은 더 이상 효과적인 처방이 될 수 없다. 만일 모든 도시들이 창조자들을 유치하기 위해 무한 경쟁을 하면서 동일한 법칙만을 적용한다면, 어떻게 차별화를 이룰 수 있을 것인가? 이러한 창조 모델의 전파는 아마도 도시 기업 모델의 전파와 유사한 결과를, 즉 도시 만들기 방식과 도시 풍경의 동질화라는 결과를 가져올 것이다. 오늘날 이미 여러 도시에서 젠트리피케이션 구역을 구별해 내는 것이 어렵게 되었다. 그 이유는 소비 방식들이 서로 유사하기 때문이다. 예컨대 우리는 여러 도시의 서점에서 똑같은 베스트셀러들을, 카페에서는 동일한 인테리어 디자인과 (심지어 동일한 메뉴와) 동일한 분위기의 음악, 비슷한 유행의 의상을 발견하게 된다. 이러한 (외양적인) 동질화 현상은 창조적이라는 개인에 의해, 스스로 '젠트리피케이션화'된 개인에 의해 전파된다. 많은 여행을 하고 외국 거주 경험을 가진 창조적 개인들은 다른 대륙의 문화에 흥미를 가지며 스스로 글로벌화된 코스모폴리탄식의 도시 소비 풍경을 만들어 낸다. 세계에 속한다는 감정에 부응하는 감응력을 키워 나가는 것이다. 그리하여 토론토에서 멜버른까지, 맨체스터에서 그르노블까지, 이 창조적 개인들은 탱고 수업을 들은 후 한국 영화를 보러 가기 전에 아이슬란드 전자 음악이 흐르는 타이 식당에서 호주산 와인을 마시면서 저녁 식사를 한다.

창조적 노동자들의 다양성과 이러한 새로운 부류의 디지털적 확장은 리처드 플로리다가 격찬한, 북아메리카에서의 도심의 가치화에 대해 의문을 제기하게 한다. 분명 예술가들은 흔히 도시의 중심에 거주한다. 하지만 이들은 창조 계층 전체(은행가, 법률가, 의사, 엔지니어 등)의 공동의 이해관계와 삶의 궤적을 함께 나누지도 않고, 그들의 거주 논리 또한 따르지 않는다. 사실 이 창조적 노동자들은, 다른 미국인들과 마찬가지로 대부분 동질화된 도시의 외곽 지역에 거주한다. 리처드 플로리다는 군집적 거주가 가져올 경제적 효과의 강조에만 신경을 쓰다가 메트로폴리탄 지역, 즉 대도시 지역과 도시의 중심을 혼동하면서 군집적 거주의 중심에 나타나는 거주 문맥의 다양성을 간과한 것이다.

리처드 플로리다에게 샌프란시스코는 창조 도시의 원형이다. 노스 비치와 하이트 애스버리 같은 여러 구역들이 지닌 보헤미안의 역사, 동성애자들의 시민권 투쟁과 관계된 영토적 정착(카스트로), 그리고 최근 '닷컴 이코노미(dot.com economy)'가 추동한 중심 구역 대부분의 젠트리피케이션 현상(소마, 미션 지역) 등은 플로리다의 창조 도시 개념을 뒷받침한다. 여기서 '닷컴 젠트리피케이션'은 두 가지 동반적 현상으로 진행되었다. 도시 중심가의 부동산 개발은 건축과 통신 네트워크(광섬유)의 질적인 측면과 강화된 안전 기준 측면에서 인터넷 스타트업 기업들의 요구에 맞추어진 것으로, 오래된 산업 건축물과 물류 창고의 재생 작업과 함께 시작되었다. 이러한 재생 작업은 소마(Soma, South of Market Street)의 사회 경제적 풍경을 바꿔 놓았다. 이와 병행하여, 실리콘 밸리의 발달과 인터넷 관련 기업들의 (증시에서의) 빠른 성장으로 인해 젊은 노동자 계층이 부상하게 된다. 각종 자격증을 갖추고 있으며 과도한 임금을 받는 이 젊은 근로자들은 다른 노동자들과의 소득 불평등 문제를 야기하였다. 다른 한편으로는 부동산과 소비의 다른 모든 부문에서 투기를 부추기기도 하였다.(Solnit, Schwartzenberg, 2000) 군집적인 거주의 차원에서 볼 때, 샌프란시스코 중심부 활성화의 중요성은 상대적으로 덜하다고 할 수 있다. 메트로폴리탄 지역의 경제적 역동성은 주로 시내 중심부 밖, 산호세 주변의 실리콘 밸리, 도시의 질적 수준과는 관계가 없는 저 멀리 떨어진 방대한 주변 도시(에지 시티, edge city)에서 나타나는데, 바로 이곳이 많은 닷컴 종사자들이 거주하는 곳이다. 달스턴과 같은 주변 도시들은 진행 중에 있는 부동산 계획의 핵심을 이루는 곳으로, 그 인구가 엄청나게 증가하고 있는 중이다. 군집의 창조적 역동성을 샌프란시스코와 연관시키고, 샌프란시스코 중심의 모습과 성격으로부터 영감을 받아 이러한 도시적 형태를 권장한다는 것은 평가와 해석의 오류를 범하는 것이라 할 수 있다.

마찬가지로, 파리 남쪽 외곽 일드프랑스에 있는 테크놀로지의 중심축이자 창조 센터인 사클레 분지를 예로 들 수 있다. 여기에는 매우 큰 규모의 연구소와 첨단 기술 기업들이 운집해 있다. 그러나 사클레 분지는 초(超)도시적이지도 않고 다양한 창조 활동도 집중되어 있지 않은 곳이다. 오히려 예술 활동이나 문화 기업의 숫자는 일반적인 평균보다 낮은 편이다.(Greffe, Simonet, 2008) 이 장소는 개인들이 동일한 사회적 '계층' 내에 분산되어 있는 사회적 경로들을 통해 군집하게 된다는 생각의 한계를 보여 주는 곳이라 할 수 있다. 다시 말해 전문적 활동의 창조적 성격만으로는 사회 공간적인 필요와 이해관계, 실천이 한데 모이는 것을 설명할 수 없다는 것이다. 창조 계층에 관한 획일주의적인 논리와는 달리, 경제적인 제약과 비균질적인 개인적 삶의 궤적은 다양한 주거 형태를 낳는다. 그런데 오늘날의 (부동산, 에너지, 금융) 위기는 미국인들로 하여금 거주 지역과 관련하여 행동의 변화를 야기할지도 모른다. 그렇다면 이는 리처드 플로리다의 주장을 뒷받침하게 될 것이다. 플로리다는 최근 도시의 중심성을 가치화하는 것이 에너지와 부동산 위기의 해법이라고 주장하면서 자신의 논지를 강화하고 있다. 도시 중심은 다양성이 표현되고 도시적 창조가 왕성하게 이뤄지는 특권적인 공간이자 고밀도의 요인으로, 이 공간에 대한 재투자를 촉진시키는 것은 이동과 관련된 에너지 소비를 감소시키는 일이 될 것이다. 그렇다면 플로리다가 주장하는 것처럼 그의 가르침에 따라 창조 계층을 유인하는 것이 환경을 보존하면서 위기로부터 벗어나는 해법이 될 수 있을 것인가?

정리하자면, 문화적 인프라의 구축은 그것만으로는 한 구역의 문화적 역동성을 보장하지 않으며, 예술적인 창작 활동은 흔히 계획되고 형식화된 문화적 구역을 벗어난다. 새로운 예술가 세대의 저항성과 실체성은 기존의 지배적인 실천 양식을 문제 삼고 대안적 실천을 제시하려는 계획을 가지고 있다. 이러한 대안적 제시와 기획에 대해 기존의 도시 개발자와 정책 당사자들 그리고 정치가와 문화 기관의 책임자들은 (적어도 초기에는) 할 말이 거의 없을 것이다. 오프 공연 현장에서 기획된 새로운 문화 예술적 제안들은 기존의 통제, 규제, 도구화를 벗어난다. 왜냐하면 바로 그곳, 그 현장에 창조 도시가 존재하기 때문이다.

결론 : 창조 도시의 패러독스

창조 도시의 개념은 서로 다른 두 가지의, 그러나 서로 연결되어 있는 현상과 관계가 있으므로, 하나가 다른 하나의 모델이 되거나 구실이 된다. 한편에서, 우리는 예술가 구역의 젠트리피케이션 과정에 주목한다. 이 구역에서는 예술가들과 고용이 불안정한 지적 전문가들의 작업 조건과 삶의 방식이 하나로 모이는 현상이 나타난다. 소득의 불안정성과 취약성, 유동성, 접근 용이성, 동료·고용주들·잠재적인 명령자들과의 근접성 등의 요인들은, 창조 계층에게는 예술가들에 대한 제약 조건과 유사한 제약 조건들을 만들어 낸다. 또한 이러한 요인들은 이들이 시내 중심에 위치하면서도 집 값이 싼 곳을 선호하는 이유를 설명해 주기도 한다. 다른 한편에서, 우리는 고소득자와 기업 중역들을 유치하기 위해 문화의 도구화를 통해 도시를 가치화하는 정책에 주목한다. 이러한 전략은 퇴락한 구역을 재가치화하기 위한 예술가의 역할을 관찰하는 것에서 비롯된다. 이러한 전략은 보헤미안적인 매력에 별로 관심이 없는 사람들을 유치하기 위해 도시적 차원에서 도시의 가치화를 그대로 복제하는 경우이다. 이러한 과정에 동원되고 홍보되는 가치들은 관용, 친교, 창조성보다는 소비, 안전, 안락함을 강조한다. 비록 이 두 번째 시도에서 진작된 목표가 앞서 말한 첫 번째 시도(예컨대 로프트(loft))를 환기시킨다 하더라도, 연구 결과 나타난 도시의 분위기는 확연히 다르다.

이렇게, 이 두 가지의 서로 다른 과정은 비슷하고 유사한 풍경(로프트, 프랜차이즈 카페, 아트 갤러리)을 만들어 낸다. 하지만 이 풍경 속에는 천차만별의 수입, 매우 다른 이해관계와 다양한 사회적 이력을 지닌 사람들이 모여 산다. 게다가 도시 재생 정책들은 흔히 자발적인 젠트리피케이션 과정이 나타나는 구역에서 시행되기 때문에, 초기에는 위에서 말한 서로 다른 과정이 완전히 혼동되어 나타난다. 그러나 시간이 지나면서 이러한 정책들은 자발적인 젠트리피케이션이 야기한 부동산의 재가치화 과정을 강조하게 된다. 그러면서 도시 재생 정책은 그 구역의 보헤미안적인 성격을 억누르는 사람들로 구역민들을 대체하면서 초기의 젠트리파이어(gentrifier)와 예술가들을 몰아내는 결과를 초래한다. 즉, 창조 계층을 위한 도시 생산 정책과 실천은 보헤미안적인 요소와 여지를 없애고 이로 인해 조성되었던 장소의 창조성마저 억제하는 것이다. 그러므로 지역의 프로그램화와 홍보를 주장하는 것은 창조성 표현의 조건인 세렌디피티(serendipity), 즉 뜻밖의 즐거움을 선사하는 계기들에 대해 무지하다는 것을 의미한다 하겠다.

'세렌디피티', 창조성의 도시적 조건

'세렌디피티'는 새로운 발견과 우연의 역할을 표현하는 용어로, 우연에 의해 뜻하지 않았던 그 어떤 것과 마주치는 것을 의미한다. 이는 18세기 호러스 워폴(Horace Wapole)이 호러스 맨(Horace Mann)에게 보낸 편지 속에 처음으로 등장하는데, 이 편지에는 여행을 하던 도중 누군가가 던진, 전혀 여정의 목적이 아니었던 수수께끼를 관찰과 호기심, 지혜를 동원해 푸는 세렌딥(스리랑카의 옛 이름)의 세 왕자 이야기가 적혀 있다. 예를 들면 이런 이야기이다. 낙타 한 마리가 세 왕자를 앞질러 갔는데, 가다 보니 길의 한쪽에 있는 풀들만 뜯겨 있었다. 그러자 뜯긴 쪽의 풀이 덜 부드러운 것을 보고 세 왕자가 그것이 애꾸눈 낙타였음을 이해했다는 식이다.

세렌디피티 개념은 자주 사용되지는 않지만 과학의 발견과 일상생활의 자그마한 즐거움에 우연의 역할을 설명하는 데 매우 귀중한 표현이다. 세렌디피티는 과학적 발견에 관한 이야기의 중심에 놓인다. 예를 들어 플레밍이 무심코 박테리아가 배양되는 것을 내버려 두었기 때문에 페니실린의 효능이 발견될 수 있었던 것이다. 독자는 한 단어의 철자를 확인하기 위해 사전을 뒤적이다가 모르는 단어를 발견하고 그것이 자신의 어휘 능력을 풍부하게 만든다는 점에 대해 기뻐한다. 도서관에서 우연히 수수께끼 같은 제목의 책에 눈길이 닿았는데, 그것이 나에게 새로운 가능성을 줄 수도 있다. 세렌디피티란 걷기나 도시를 배회하는 행위의 고유한 특성이나 질을 말하기도 한다. 기분 내키는 대로 걷는 사람은 돌아가기도 하고 걸음을 늦추기도 하면서 거리의 구석구석에 숨어 있어 눈에 띄지 않는 통로나 낯선 상점, 놀라운 건물 등을 발견하기도 한다. 도시의 질과 수준은 바로 이러한 우연들을 가능케 하고 산책자들에게 놀라움과 뜻밖의 만남의 기회를 부여하는 것이다.

창조성은 이러한 세렌디피티에 의해 함양된다. 창조자들은 뜻밖의 것들과 우연한 만남에 힘입어 새로운 생각들을 머리에 떠올리고, 새로운 형태와 실천 양식을 제안하게 된다. 미리 계획되고 형식화된 틀은 이러한 즉흥과 우연의 공간을 만들어 내지 못한다. 도시 개발자들에게 중요한 도전이란 도시를 기획하는 것이 아니다. 그들이 도전해야 할 일은 세렌디피티와 창조성의 조건을 조성하는 것, 모르는 것에 공간을 맡기는 것, 계획되지 않은 실천, 심지어는 허용되지 않은 실천들을 자연스럽게 받아들이는 것, 그리고 예기치 않은 우연한 만남들이 가능하도록 하는 것이다.(Ascher, 2007)

오프 예술 공연 : 도시 '세렌디피티'로의 초대

결말을 위해, 이 책의 첫 부분에서 다뤘던 도시와 예술적 생산의 시스템 안에서의 오프 예술 공연들의 중요성에 대해 다시 생각해 보자. 예술적 창조성과 오프 문화 공간은 도시 안에서 숨 쉴 수 있는 공간, 즉 도덕적 기율이 흐트러지고 즉흥이 가능한 장소로, 도시의 놀라움과 비주류 문화의 장면들을 구성한다. 필요성에 의해 만들어지기도 하지만, 길을 걷다가 우연히 발견되고, (앞날이 유망한 젊은 예술가들의 잠재적 융합 능력처럼) 예술 전문가에 의해 목격되기도 하는 이 공연들은 도시의 우연한 미덕을 드러내 보인다. 이러한 장소들은 잠정적이고 유희적이며 축제적인 성격을 지니기에, 사람들에게 특별한 경험을 제공하고 창조성, 자유, 저항의 공간을 구성한다. 그리하여 이러한 창조성과 자유로움, 저항성은 도시와 거주민, 여행객들로 하여금 판에 박힌 일상과 습관으로부터 벗어나게 해 준다.

이와 같은 오프 공연들은 사적이고 내밀한 관계를 내세우는 음악 장르들(하드코어 테크노에서 거라지 포스트펑크에 이르는)에 표현의 공간을 제공하는데, 이 가운데에는 반문명적이고 위협적인 차림새(고딕, 힙합, 펑크)를 하고 다니는 젊은 소외 계층의 음악이라는 부정적인 고정 관념을 달고 다니는 음악 장르들도 있다. 류블랴나에서, 런던, 파리에서 이 오프 공간들은 간헐적인 야간 활동의 중심축을 이루며, 이곳에서 젊은이들은 돈은 최소한으로 쓰면서 독특하고 기억에 남을 만한 경험을 만든다. 이러한 오프 공연의 장소들은 그곳만의 절충적인 프로그래밍을 통해 도시의 문화 풍경과 야간 풍경을 활성화하고 재창조한다. 또한 이 공간은 야간 활동자들을 위해 자유와 유희의 공간을 만들어 낸다. 이곳이 자유롭다는 말은, 이 오프의 밤이 어떠한 규정도 지키지 않는다는 것을 의미한다. 즉 입장이 자유롭고 문 닫는 시간도 없으며 데시벨의 한계도 없는 것이다. 이곳이 유희의 공간이라는 말은 저녁의 프리 파티를 찾아다니는 것이 길 찾기 놀이와 닮았기 때문이다. 일시적인 성격으로 인해, 많은 오프 공간들은 도시적인 해프닝이 되고 있다. 이러한 비연속성은 이곳에 대한 방문 자체를 보다 값진 경험으로 만들어 준다. 도시민들은 이곳을 방문하면서, 현재 사회의 분위기에 대한 감(感)도 잡고, 작은 이벤트에 참여도 하는 것이다.

오프 장소의 명성은 그 이용자들의 커뮤니티를 넘어서, 한 도시의 문화 예술적 삶의 집단적 역사 층위에 기록된다. 이러한 오프 공연들은 도시의 이미지 생산에 참여하면서 도시 이미지의 중요한 요소가 되며, 박물관이나 페스티벌 등과 동등한 매력 요인이 된다. 1980년대 영국의 록과 하우스 음악의 초기 활동이 이루어졌던 오프 클럽인 해시엔다(Hacienda)는 맨체스터의 문화적 상징이 되었고, 현재 도시가 기획한 전시회를 통해 그 가치를 인정받고 있다. 북아일랜드 게릴라 활동의 결정적인 순간들을 재현하고 있는 벨파스트의 페인트 벽은, 점차 정치적인 힘을 잃음과 동시에 사람들이 많이 찾는 관광 명소가 되고 있다. 베를린의 관광객에게 오프 문화 이벤트에 참가하는 것은 독일 통일과 새로운 수도의 제정과 같은 역사적 사건을 함께하는 것과 같은 일이다.(Grésillon, 2002)

이러한 장소들은 행위자들의 주변부적 이미지에도 불구하고, 점진적으로 도시 이미지 생산의 도구가 되고 있다. 많은 도시의 정책 기관들 또한 오프 공연에서 도시 창조성의 가능 요인들을 찾아내는 등, 정부 기관들의 입장도 진화하고 있다. 스쿼트 예술가, 즉 빈집을 불법적으로 점거하는 예술가들은 자동적으로 쫓겨나지 않고 문화적 활동을 위해 잠정적으로 머물 수 있게 되었다. 일부 스쿼트 예술들은 자신들의 작업을 인정받기 위해 전시회 기획, 개막식, 전단지 제작, 예술인 시위 참여 등의 일을 하여 공식 예술 진흥인처럼 기능하고 있다. 파리 중심부 리볼리 가에 위치한 로베르네 집 자유 전자(Chez Robert, Électron libre) 스쿼트는 파리 시가 2002년 5월 스쿼트 예술가와 관련된 예술 활동의 새로운 장소를 만들기 위해 사들이기도 했다. 이러한 제도화는 급진적이고 저항적인 스쿼트 공연 현장의 개선과 함께 진행된다 하겠다.

문화의 생산과 전파를 위한 새로운 장소를 만들기 위해, 파리 시와 프랑스 문화부는 오프의 경험으로부터 영감을 얻어 이를 모델화하고 있다. 하지만 이것은 형식적인 면에 그치고 있다. 2002년 문화부는 "새로운 예술의 영토"에 대해 대규모 연구를 추진하였는데, 그 목적은 오프 장소의 불명확성을 보다 명확히 하고, 공적 행위자 전체로 하여금 이러한 취지의 특수성과 이해관계에 관심을 갖도록 유도하며, 그리하여 이에 수반되는 조치들을 취하도록 하는 것이었다.(Lextrait, 2001) 이후 파리 시는 새로운 미래 문화 장소를 프로그램화하기 위해 복합적 문화 소비 공간(예를 들어, 2008년에 개장한 'Le 104')의 설립을 추진하였으니, 이 문화 프로젝트들이 담고 있는 경험이나 그 행위자들은 앞선 연구 결과를 통해 이미 공식화된 목록에 오른 상태였다. 오프 공연의 어떤 행위자들이 지역 문화 정책과 연계된다면, 창작과 문화 장소의 경영에 관련된 주문이 그들에게 돌아갈 수도 있다. 2003년부터 휘발성 공장 연합(association Usines éphémères)은 잠정적으로 생마르탱 운하 가장

자리에 있는 옛 창고 푸앵 P(Point P)를 이용하고 있는데, 이는 아마추어 댄스 연습장과 같은 문화 민주화를 위한 활동, 문화 이벤트, 창작을 돕는 활동을 하기 위해서이다. 그런데 이러한 종류의 장소들을 제도화하는 것은 그것의 지나친 범용화 가능성을 의미하는 것이기도 하다. 오프의 핵심은 그것이 스스로 갱신력을 지니고 끊임없이 새로운 형태, 즉 창의적이고 차별화되고 급진적인 또 다른 형태를 만들어 낸다는 데 있다. 오프는 표준화된 도시의 일상적이고 지루한 틀을 벗어나게 해 주면서, 또 다른 장소를 열어 보여 줄 수 있는 것이다.

창조 도시 개념이 지닌 다층적 의미는, 단순한 유행의 효과를 넘어서 코스모폴리탄 대도시의 장점들, 즉 타자성, 뜻밖의 만남과 경험, 익명성의 장소, 새로운 존재와 행위의 장소, 다양성과 복수성의 원천으로서의 장소를 발견하는 계기를 선사해 준다. 이러한 창조 도시는 우연, 이동, 창조성이 그 거주민에게 도움을 주고, 개입과 규제에 대한 새로운 방식들이 다시 고안되는 대안적 도시 개념을 권고한다. 창조성이란 계획되고 프로그램화될 수 없기 때문에, 창조 도시는 도시 정책 계획자들을 보다 겸손하고 자제하게 만든다. 창조 도시란 기대하지 않음, 즉흥성으로부터 떠오르는 개념이다. 창조성은 예술적이든 사회적이든, 과학 기술적이든 또는 도시적이든 간에, 타자와의 친밀한 접촉과 뜻하지 않은 만남을 통해서 나타난다. 창조 도시라는 공작소는 자신들을 넘어서는 새로운 이니셔 티브를 수용하고 또 가능하게 만드는 행위자들의 능력 속에서 발견되는 것이다.

창조적 도시 공간과 문화콘텐츠 기획의 조건

김동윤

도시와 인문학

유럽의 도시 연구 권위자인 프랑수아 아셰는 2009년 도시학 학술상을 수상한 저서에서 "도시학은 과학의 영역도, 유일한 직업도 아니다. (…) 오늘날 도시를 직업적으로 연구하는 사람들은 점점 더 연고주의적 직업 모델, 낡은 맬더스적 패러다임에 집착하고 있으며, 이것은 공공의 이익에 정면으로 배치되는 것"[1]이라고 말한 바

---

1) François Ascher, *L'Age des Métapoles,* L'Aube, 2009, p.26.

있다. 그리고 도시학의 전문 직업화가 바로 도시에 대한 이해와 연구에 방해 요소라고 비판하였다. 이제 논점은 분명해졌다. 결국 도시 계획의 전문화가 도시의 상상력을 빈곤하게 만들고 도시 공간을 비인간적으로 만들었다는 것이다.

도시가 집단 거주지와 같은 기능적 효용성에만 봉사하는 것은 '거주 기계'를 낳을 뿐이다. 거주의 기계는 삶의 의미와 거주의 실존적 차원을 알지 못한다.

다른 한편 창조 도시 연구자인 찰스 랜드리는 저서에서 도시란 시민들이 함께 만들어 가는 것이라고 하였다. 미래의 도시는 엔지니어링, 건축, 도시 계획의 모델만 가지고는 창의적인 모습을 갖출 수 없다는 것이다. 그에 의하면 창의적 도시란 세계 안(in the world)이 아니라 세계를 위한(for the world) 상상력과 비전의 도시인 것이다.[2] 랜드리는 기존의 도시 담론들이 이른바 도시 전문가들만의 전문적인 용어로 논의 자체를 무익하고 황폐하게 이끌어 왔으며 도시를 생명 없는 존재로 인식하였다고 비판한다.[3] 최근 대표적인 미래 도시로 각광받고 있는 두바이에서 문화란 '꿈과 판타지'의 엔터테인먼트 테마파크에 다름 아니다. 거대한 테마파크

---

2) Charles Landry, *The Art of City Making*, Earthscan, 2006, overture p.2.
3) Charles Landry, *Ibid.*

가 두바이의 문화적 아이콘이라 할 수 있는데, 오락 산업으로서의 문화에는 도시의 기억, 시민들의 참여, 진정한 거주의 의미가 부재한다. 따라서 두바이는 첨단 과학 기술의 전시장임에는 분명하나 생태적, 문화적으로 빈곤한 '비창조적인' 도시라고 하겠다. 미래 창의적 도시 문화 공간이 생태적이면서도 동시에 정신적, 문화적 가를 지녀야 한다면, 두바이와 같은 계획 도시는 그것과 완전히 거리가 먼 도시이다.

창조 도시론과 '인문적 테크놀로지'

창조 도시론 가운데 가장 큰 반향과 논란을 불러일으킨 이론은 리처드 플로리다가 『창조 계급의 부상(The Rise of the Creative Class)』에서 제시한 창조 도시 모델이다.[4] 플로리다의 창조 도시 모델은 미국에서 급부상한 '창조 계급' 현상에 기초하여 세워진 이론이다. 플로리다는 오스틴, 시애틀, 샌프란시스코 같은 도시가 창조적인 도시로서 새롭게 번영하는 반면, 버펄로, 루이즈빌, 뉴올리언스와 같은 도시들이 창조력을 잃고 쇠퇴하는 현상에 주목하고 여기에는 창조 계급의 수와 그들의 창의적 역량이 결정적인 역할

---

4) Richard Florida, Basic Books, 2002.

을 한다고 보았다. 플로리다는 미래에 번영하는 도시를 창조 도시라고 정의하고, 창조 도시의 조건으로서 1)다양한 인종과 게이 문화 등에 대한 관용성, 2)첨단 테크놀로지의 혁신성, 3)문화 예술인들의 창조성의 발현 등을 꼽았다. 이른바 창조성 인덱스에 근거하여 문화 예술계에 종사하는 창조 계급을 보다 폭넓게 정의하고 있는 것이다.5) 창조 계급이란 도시 공간과 일상적 삶의 문화적 격을 높이는 아트 디렉터, 예술가, 건축 디자이너, 경영 컨설턴트, 회계사, 변호사, 교육자 등을 포함하는 포괄적 개념이다. 이러한 새로운 노동 계급은 후기 산업 사회, 포스트모던 사회에 적합한 전문 직업군이다.6)

글로벌 시장이 확대되면서 이제는 국가 이미지도 브랜드화되고, 세계 주요 도시들도 이른바 경쟁력을 갖추어야 살아남을 수 있는 상황이 벌어지고 있다. 이러한 상황 속에서 이른바 '창조성'을 직업으로 삼는 '창조 계급'이 미래의 도시 경제에 활력을 불어넣는 지적 문화적 노동 계급으로 부상하고 있다. 창조 계급의 부상은 고용 없

---

5) 2002, xxii, The New Creativity Index.
6) 2000년 전후 미국 노동 인구의 3분의 1 이상인 약 3800만 명 정도가 이 분야에 종사하며, 이 비율은 비단 미국뿐만 아니라 서유럽에서도 25~30퍼센트에 달한다고 한다. 그러나 창조 계급을 자임하는 숫자가 훨씬 적은 통계들도 동시에 소개되고 있다. R. Florida, 2002, xiv.

는 성장과 경제 침체가 심화되면서 보다 높은 부가가치를 창출해야 하는 절박한 경제 사회적 요구와도 맞물려 있다. 현대 사회에서 노동의 개념이 양적인 개념에서 질적인 개념으로, '하드' 산업 환경에서 '소프트' 문화 환경으로 바뀌어 가고 있는 점도 창조 계급의 부상과 밀접하게 관련된다. 감성과 가치가 부각되면서 메마르고 추상적인 논리에서 부드러운 감성으로, 실적 위주에서 가치 중심으로 문화 지형이 급격하게 변화하는 것도 창조계급의 부상을 진작시키는 요소이다.

플로리다의 도시 이론은 미국을 비롯하여 전 세계적으로 이른바 창조 도시의 이론적 모델을 제공하고 있다는 점에서 주목할 만하다. 창조 도시론의 미덕은, 포스트모던, 탈산업 사회를 맞이하여 산업 시대의 노동 양식과 규범, 그에 따른 근대 도시 모델이 더 이상 유효하지 않다는 점을 명확히 한 데 있다. 플로리다는 도시가 가지고 있는 창조성을 예술가들에게서 발견하고 이들의 집단 주거와 영토화를 통한 창조적 공간의 활성화 과정에 주목한다.(이는 엘자 비방이 말하는 집단 거주와 도시 중심부의 영토화, 영토적 정박 개념과도 연결된다.)

플로리다는 창조성의 핵을 창조적 에토스(Creative ethos)로 정의하고 있다. 창조적 에토스는 우리가 사는 방식, 일하는 방식에 핵심적이며, 그것이 지니는 다면성과 다차원성에 주목해야 한다고

본다. 그러나 오늘날 새로운 문명이 부상하는 시점에, 창조성과 조
직 사이의 부정적인 긴장 관계는 선결해야 할 가장 큰 문제라고 지
적하고 있다. 그 이유는 고도로 전문화된 거대 조직의 지배적인 상
황이 창조성을 고갈시키기 때문이다.(이 점에 대해 그는 슘페터의
이론을 들어 설명하고 있다.7)) 플로리다에 의하면, 흔히 생각하는
바와 달리 창조성이란 블록버스터 영화나 새로운 제품을 만드는
것으로 축소될 수 없다. 창조성은 다양한 층위와 다양한 방식으로
표현되는 것이기 때문이다.8) 창조성은 유연한 감성적 사고, 다양
한 지적인 축적과 함께 참고 기다리는 인내심, 그리고 동기 부여가
핵심적인 역할을 한다. 창조적 사고를 가능케 하는 것은 무엇보다
인문적, 문화적 토양이다. 따라서 문화 예술과 인문적 가치가 창조
도시의 필수적 요소가 되는 것이다.

플로리다는 미래의 창조적 직업의 형태를 D. 핑크의 '프리 에이
전트(Free Agent)' 개념에서 찾는다. '프리 에이전트'는 직장에 전적
으로 매여 있는 이른바 정규직의 구속에서 벗어나 자기 시간을 자
유롭게 사용할 수 있는 창의적 직업군으로 정의된다.9) 2000년경에
이미 미국 노동자 3300만 명가량이 스스로를 프리 에이전트로 여

---

7) R. Florida, 2002, pp.21-22.

8) R. Florida, 2002, p.5.

9) R. Florida, 2002, p.106.

기고 있는 것으로 조사되었으며, 미국의 도시 모습을 변화시키는 데 이들이 많은 기여를 하고 있다고 평가된다.[10] 오케스트라, 미술관, 공연장 등이 대표하는 전통적인 문화 공간을 대신하여 거리 어디에서나 가능한 문화의 향수가 도시를 활성화시키는 것이다. 거리 문화 중심의 도시는 서점, 레스토랑, 라이브카페, 작은 공연장, 갤러리, 거리 가장자리에 자리 잡은 다양한 문화 예술 공간 등이 일상의 거리 모습을 크게 바꾸어 놓았다.[11] 종래까지 문화 예술 활동의 대부분이 대도시의 문화 센터를 중심으로 이뤄졌던 것에 비해, 이제는 중소 도시의 거리에서 시민들의 적극적인 참여와 경험으로 문화 활동이 가능해지고, 그로 인해 도시의 거리가 활성화되고 있는 것이다. 심지어 소외 계층의 저항 문화였던 '그래피티'가 거리 문화로 '공인'되는 등, 일상성의 오브제를 전시하는 예술가들이 만들어 가는 도시 풍경(레스토랑, 카페, 부티크, 갤러리, 라이브 공연장 등)으로 말미암아 기존의 삭막한 산업적인 풍경이 부드럽게 변화해 가고 있다. 산업화 시대의 삭막한 도시 모습은 사라지고 '쿨'한 도시 풍경이 등장하기 시작한 것이다.

　이런 현상에 주목한 플로리다는 '유령화'된 산업 도시의 회생의

---

10) R. Florida, 2002, pp.182~183.
11) Elsa Vivant, 2002, ch.12, p.51.

동력을 창의적인 문화 공간과 그로 인한 도시 젠트리피케이션[12]에서 찾고 있다. 창조 계급이 도시를 부유하게 만드는 동시에 문화 공간을 미학적으로 재구성한다는 것이다. 이들은 기존의 정규직이라는 고용 모델로부터 해방된 보헤미안적인 특성을 띠고 있다. 이들은 보보스(Bobos)적인 모습을 추구하는데, 보보스란 보헤미안과 부르주아의 합성어로서, 창조 계급의 핵심을 잘 드러내는 개념으로 평가된다.[13]

그러나 플로리다의 창조 도시론과 모델이 미국 외의 지역에서도 이상적으로 적용될 가능성이 있는지에 대해 많은 의문이 제기되고 있다. 우선적으로 1)창조 도시를 만들어 가는 주역인 창조 계급에 대해 정의하면서 게이 등을 포함시킨 점 등은 보다 면밀한 논거 제시가 있어야 할 것이다. 예컨대 경영 컨설턴트나 변호사, 게이가 과연 창조 계급에 포함되어야 하는가라는 논란은 계속될 것이다. 2)『창조 계급의 부상』곳곳에 내적 논리들이 충돌하고 있다. 이를테면 창조 도시의 핵심 개념인 창조 계급의 통계가 제각각 다르다는 점도 지적된다.(2002, p.106) 플로리다 스스로도 밝히고 있듯이, 창조적 도시의 동력인 창조 계급과 프리 에이전트의 상당수는 대

---

12) Elsa Vivant, 2009, p.6.
13) R. Florida, 2002, pp.196-197. 데이비드 브룩스(Davis Brooks)의 저서인『보보스는 파라다이스에서 산다(Bobos in Paradise)』참조.

기업이나 기관의 아웃소싱에 의존하며 살아가므로 진정한 의미에서의 보보스의 삶을 누릴 수 없다. "대부분의 창조 계급은 프리 에이전트가 아닌 것"이다.[14] 대기업과 기관은 아웃소싱을 통해 경제적 이익을 도모할 수 있으나 정작 창조 계급, 프리 에이전트들은 또 다른 형태로 기업에 '매여 있으며' 자신의 시간을 마음대로 사용할 수 없는 것이다. 프리 에이전트는 존재하되 나름의 대가(but no free lunch)를 치러야 하는 것이다. 플로리다의 창조 계급론은 현실성이 떨어지는 모종의 이상적인 모델에 근거한 것이고, 따라서 창조 도시론의 이론적 바탕도 그만큼 취약하다는 비판도 제기된다. 도시의 모습을 바꾸는 창조 계급이 경제적 어려움을 감내하면서 창의성을 발휘해야 한다면, 그들이 주도하는 도시 문화가 과연 얼마나 지속성을 가질 수 있겠는지에 대한 물음 또한 제기된다.

그럼에도 오늘날 전 세계적으로 플로리다가 주창하는 창조 도시 담론이 따라야 할 또 하나의 '획일적인' 모델로 인식되면서 비판적여과 없이 일방적으로 받아들여지고 있는 형편이다. 창조 도시론에서 그토록 강조했던 창의성 자체가 부정되는 모순된 현상이 나타나고 있는 것이다. 무엇보다도 플로리다의 창조 도시론에는 도시의 선주민인 '보통 사람들'에 대한 고려가 빠져 있다. 이들은 창

---

14) R. Florida, 2002, p.106.

조적 엘리트처럼 각종 첨단 테크놀로지를 소유할 수 없는 사람들이 대부분이고 노동 환경이나 주거 환경도 열악한 경우가 많다. 이평범한 도시민들도 창조적 엘리트와 동일하게 도시에 거주할 권리가 있으며, 도시 문화의 주체로서 고려될 필요가 있다.

세렌디피티와 창의적 문화 공간

프랑수아 아셰는 미래 도시의 특징의 하나로 불확실성을 꼽은 바 있다.15) 아셰는 현대 도시를 하이퍼모더니티와 불확실성으로 특징짓고, 도시가 추상적 논리에 의해 계획되고 모델화될수록 불가측성은 더욱 증폭된다고 보았다. 하이퍼모던한 도시가 기존의 도시 계획 모델로 프로그램화할 수 없고 예측 불가능하다면, 미래 도시의 삶을 결정하는 데 핵심적인 것은 계획될 수 없는 것들을 창조적으로 대처, 수용하는 능력이 된다. 현대 도시는 독립적으로 존재하는 거대 집합체이며, 따라서 무수한 우연성을 내포할 수밖에 없는 존재이다. 아셰는 의도나 계획에 의한 것이 아니라 뜻밖에 발견되는 것에서 얻는 기쁨을 뜻하는 '세렌디피티'가 미래 도시의 창조성의 핵심이라고 보았다. 삶의 질을 중시하는 현대 도시학의 필

---

15) F. Ascher, 2009, p.55.

수 조건으로서 세렌디피티는 활용 범위가 매우 넓은 미개척의 영역인 것이다.[16]

펙 반 안델에 따르면, 세렌디피티란 일부러 찾거나 추구하지 않았던 것을 예리한 관찰로 우연히 발견하거나 창의적으로 발명해내는 재능을 말한다.[17] 과학적인 합리적 이성과 계량적인 사고가 현대 사회를 점점 더 지배한다면, 역설적으로 우연성과 뜻하지 않은 것들의 중요성도 그만큼 커진다는 것이다.(과학 기술 분야에서도 세렌디피티의 중요성은 확인된다. 과학적 발명과 일상의 무수한 발견 등이 우연한 기회에 얻어진 예는 수없이 많기 때문이다.) 도시 또한 비록 계획된다고 할지라도 도시는 의도대로 만들어지는 것이 결코 아니다. 인간의 삶과 문명은 너무나 가변적이고 예측 불가능하기 때문이다.

프랑수아 아셰는 뜻하지 않은 우연한 발견이 창조성으로 꽃피우는 공간으로 미래의 도시상을 제시하였다. 문화가 창의성의 터전이라면, 도시의 문화 공간은 세렌디피티라는 창조력의 씨앗을 싹틔우는 비옥한 토양이다. 그러므로 창조적 도시란 세렌디피티와 같은 뜻하지 않은 기회나 상황에 적극적으로 대응하여 공동체의

---

16) F. Ascher, 2009, p.87.
17) Pek Van Andel, Daniel Bourcier, *De la sérendipité*, L'Acte MEM, 2009, p.7.

삶의 조건들을 풍요롭게 하는 도시일 것이다. 우연과 창의성의 계기가 넘치는 문화 공간은 단 하나의 과학 실증주의의 도시 모델로 가능한 것이 아니라, 다양한 담론과 우연한 계기들이 만나 서로 교차됨으로써 구현될 수 있을 것이다.[18] 이러한 맥락에서 도시가 거대한 복합적인 텍스트라면, 현대 도시의 텍스트의 중층성을 인문적으로 읽어 내는 도시 문해력을 키우는 것이 필요해 보인다. 이 책의 저자 엘자 비방이 말하는 창조적 도시의 문화 공간 구성도 역동적 상상력과 그것의 인문적 글쓰기('에크리튀르')의 힘에 의해 가능할 것이다. 이때 창의적 도시 공간은 건축, 회화, 영화, 문학, 디자인 등 다양한 인문·문화·예술 영역을 횡단(transversality)하면서 직조하는 일상성의 공간, 즉 풍요로운 의미의 피륙과 같은 공간일 것이다. 그리고 인문적 삶의 기반을 이루는 도시 문화 공간의 창발과 도시의 이미지 제고를 도모하는 일은 문화콘텐츠 기획의 핵심 역량이기도 하다.

---

18) Fr. Ascher, 2009, pp.87-116.

참고문헌

Ambrosino C.(2008), «Du quartier d'artistes au cluster culturel, perspectives londoniennes», in *Arts et territoires : vers une nouvelle économie culturelle?*, Québec, 76ᵉ congrès de l'ACFAS, http://chairefernanddumont.ucs.inrs.ca/ Mai2008/Ambrosino.pdf, consulté le 26 mai 2009.

Ascher F.(2001), *Ces événements nous dépassent, feignons d'en être les organisateurs. Essai sur la société contemporaine,* La Tour d'Aigues, Éd. de l'Aube.

Ascher F.(2007), «La ville, c'est les autres. Le grand nombre, entre nécessité et hasard», in *Airs de Paris*, Paris, Centre Georges-Pompidou, p.269-271.

Atkinson R.(2003), «Domestication by Cappuccino or a revenge on urban Space? Control and empowerment in the management of public spaces», in *Urban Studies,* 40 (9), p.1829-1943.

Baumol W. J., Bowen W. G.(1966), *Performing Arts. The Economic Dilemma,* Cambridge, MIT Press.

Benhamou F.(2004), *L'économie de la culture*, Paris, La Découverte.

Boltanski L., Chiapello È.(1999), *Le nouvel esprit du capitalisme*, Paris, Gallimard.

Bordeuil J.-S.(1994), «Soho, ou comment le "village" devint planétaire», in *Villes en parallèle* (20-21), p.145-181.

Brantôme M.(2004), *Dans le jardin de Casque d'or*, Paris, Le Seuil.

Brooks D.(2000), *Les bobos. Les bourgeois bohèmes*, Paris, Florent Massot.

Camors C., Soulard O. et al.(2006), *Les industries culturelles en Île-de-France*, Paris, IAURIF (Institut d'aménagement et d'urbanisme de la Région Île-de-France).

Charmes E.(2006), *La rue : village ou décor ? Parcours dans deux rues de Belleville*, Grâne, Créaphis.

Chatterton P., Hollands R.(2003), *Urban Nightscapes. Youth Cultures, Pleasure Spaces and Corporate Power*, Londres, Routledge.

Deroin V.(2008), *Statistiques d'entreprises des industries culturelles*, Paris, Ministère de la Culture.

Donnat O.(1994), *Les Français face à la culture. De l'exclusion à l'éclectisme*, Paris, La Découverte.

Florida R.(2005), *The Flight of the Creative Class*, New York, Harper Business.

Florida R. L.(2002). *The Rise of the Creative Class : And How it's Transforming Work, Leisure, Community and Everyday Life*, New

York, Basic Books.

Greffe X., Simonet V.(2008), *Le développement de l'Île-de-France par la création de districts culturels*, Paris, PUCA, Ministère de l'Équipement / Ministère de la Culture.

Grésillon B.(2002), *Berlin, métropole culturelle*, Paris, Belin, coll. «Mappemonde».

Halbert L., Brandellero A. et al.(2008), *Paris, métropole créative. Clusters, milieux d'innovation et industries culturelles en Île-de-France,* Paris, PUCA, Ministère de l'Équipement / Ministère de la Culture.

Harvey D.(1989), «From managerialism to entrepreneurialism : The transformation in urban governance in late capitalism», in *Geografiska Annaler,* series B, Human Geography, 71 (1), p.3-17.

Hatzfeld H., Hatzfeld M. et al. (1998), *Quand la marge est créatrice. Les interstices urbains initiateurs d'emploi,* La Tour d'Aigues, Éd. de l'Aube.

Heinich N.(2005), *L'élite artiste. Excellence et singularité en régime démocratique,* Paris, Gallimard.

Jacobs J.(1961), *The Death and Life of Great American Cities,* New York, Vintage Books.

Krens T.(2001), «L'attente des pouvoirs politiques», in *L'avenir des musées,* J. Galard, Paris, Réunion des musées nationaux, p.223-239.

Lacroix C. (2009), *Statistiques de la culture. Chiffres clés 2009,*

Paris, Ministère de la Culture et de la Communication / La Documentation française.

Landry C., Bianchini F.(1995), *The Creative City,* Londres, Demos.

Lévy F.(2001), «À nouveaux cirques, nouveaux publics?», in *Avant-garde, cirque! Les arts de la piste en révolution,* J.-M. Guy, Paris, Autrement, p.183-200.

Lextrait F.(2001), *Friches, laboratoires, fabriques, squats, projets pluridisciplinaires...* : *une nouvelle époque de l'action culturelle,* Secrétariat d'État au patrimoine et à la décentralisation culturelle, Paris, Ministère de la Culture, http://www.culture.gouv.fr/culture/actualités/consulté le 15 janvier 2002.

Ley D.(2003), «Artists, aesthetisation and the field of gentrification», in *Urban Studies,* 40 (12), p.2527-2544.

Menger P.-M.(2002), *Portrait de l'artiste en travailleur. Métamorphoses du capitalisme,* Paris, Le Seuil, coll. «La République des idées».

Moulin R.(1992), *L'artiste, l'institution et le marché,* Paris, Flammarion.

Pinçon-Charlot M., Pinçon M.(1989), *Dans les beaux quartiers,* Paris, Le Seuil, coll. «L'épreuve des faits».

Plaza B.(2006), «The return on investment of the Guggenheim museum Bilbao», in *International Journal of Urban and Regional*

Research, 30 (2), p.452-467.

Raffin F.(2002), *Les ritournelles de la culture. De la critique sociale à la participation citoyenne, entre mobilités et ancrages urbains,* thèse de doctorat en sociologie, École doctorale sciences humaines et sociales, Perpignan, Université de Perpignan.

Rambach A., Rambach M. (2009), *Les nouveaux intellos précaires,* Paris, Stock.

Sassen S.(1996), *La ville globale,* trad. franç. Paris, Descartes&Cie.

Saxenian A.(1994), *Regional Advantage : Culture and Competition in Silicon Valley and Route 128,* Cambridge(Mass.), Harvard University Press.

Saxenian A.(1999), *Silicon Valley's New Immigrant Entrepreneurs,* San Francisco, Public Policy Institute of California.

Scott A. J.(1999), «L'économie culturelle des villes », in *Géographie, Économie, Société* 1 (1), p.25-47.

Shearmur R.(2005), *L'aristocratie mobile du savoir. Quelques réflexions sur les thèses de Richard Florida,* Congrès annuel de l'association d'économie politique, Montréal, http://www.inrs-ucs.uquebec.ca/pdf/inedit2005_09.pdf.

Simon P.(1995), «La société partagée. Relations interethniques et interclasses dans un quartier en rénovation. Belleville, Paris XXe», *Cahiers internationaux de sociologie,* 98, p.161-190.

Smith N.(1996), *The New Urban Frontier : Gentrification and the*

Revanchist City, Londres/New York, Routledge.

Smith N. (2003), «La gentrification généralisée : d'une anomalie locale à la "régénération" urbaine comme stratégie urbaine globale», in *Retours en ville,* C. Bidou-Zachariasen, Paris, Descartes&Cie, p.45-72.

Solnit R., Schwartzenberg S.(2000), *Hollow City : The Siege of San Francisco and the Crisis of American Urbanism,* Londres/New York, Verso.

Storper M., Christopherson S.(1987), «Flexible specialisation and regional industrial agglomeration : The case of the US motion picture industry», in *Annals of the Association of American Geographers,* 77 (1), p.104-117.

TransEuropeHalles (éd.)(2001), *Les fabriques. Lieux imprévus,* Paris, Éd. de l'Imprimeur.

Travers T.(2006), *Museums and Galleries in Britain. Economics, Social and Creative Impacts,* Londres, London School of Economics and Political Science.

Vivant E.(2008), «Du musée-conservateur au muséeentrepreneur», in *Téoros,* 27 (3), p.43-52.

Vivant E., Charmes E.(2008), «La gentrification et ses pionniers : le rôle des artistes off en question», in *Métropoles,* no. 3, mis en ligne le 22 septembre 2008 : http://metropoles.revues.org/document1972.html.

Vivant E.(2009), «Inconstance du collectionneur ou calcul de l'entrepreneur?», in *Politix*(à paraître).

Zukin S.(1982), *Loft Living. Culture and Capital in Urban Change,* New Brunswick, Rutger's University Press.

창조 도시란 무엇인가?

초판 1쇄 펴낸 날 2016년 11월 30일

지은이 | 엘자 비방
옮긴이 | 김동윤·김설아
펴낸이 | 김삼수
편 집 | 김소라·신중식
디자인 | 권대흥

펴낸곳 | 아모르문디
등 록 | 제313-2005-00087호
주 소 | 서울시 마포구 월드컵북로12길 20 보영빌딩 6층
전 화 | 0505-306-3336 팩 스 | 0505-303-3334
이메일 | amormundi1@daum.net

한국어판 ⓒ 아모르문디, 2016 Printed in Seoul, Korea

ISBN 978-89-92448-59-8 94300

※ 이 도서의 국립중앙도서관 출판예정도서목록(CIP)은 서지정보유통지원시스템 홈페이지(http://seoji.nl.go.kr)와 국가자료공동목록시스템(http://www.nl.go.kr/kolisnet)에서 이용하실 수 있습니다.